名句中国丛书·拾贰

文学艺术

吴礼权 编著

暨南大学出版社
JINAN UNIVERSITY PRESS

中国·广州

图书在版编目（CIP）数据

文学艺术 / 吴礼权编著. —广州：暨南大学出版社，2014.7
（名句中国丛书）
ISBN 978 - 7 - 5668 - 0683 - 3

Ⅰ.①文…　Ⅱ.①吴…　Ⅲ.①名句—汇编—中国　Ⅳ.①H136.3

中国版本图书馆 CIP 数据核字（2013）第 178048 号

出版发行：暨南大学出版社

地　址：	中国广州暨南大学
电　话：	总编室（8620）85221601
	营销部（8620）85225284　85228291　85228292（邮购）
传　真：	（8620）85221583（办公室）　85223774（营销部）
邮　编：	510630
网　址：	http：//www.jnupress.com　http：//press.jnu.edu.cn
排　版：	广州良弓广告有限公司
印　刷：	佛山市浩文彩色印刷有限公司
开　本：	890mm×1240mm　1/32
印　张：	8.625
字　数：	201 千
版　次：	2014 年 7 月第 1 版
印　次：	2014 年 7 月第 1 次
定　价：	20.80 元

前　言

吟安一个字，捻断数茎须。（唐·卢延让《苦吟》）
二句三年得，一吟双泪流。（唐·贾岛《题诗后》）

　　名句，特别是那些历久不衰、传诵不绝的经典名句，既是作者千锤百炼的思想成果，更是中华民族悠久文化的精华之浓缩，很是值得我们仔细玩味。因为我们可以从中汲取有益的精神营养，增加人生智慧，得到为人处世的人生启发，获取精神心灵的慰藉，由此开创我们健康、快乐、积极、向上的美好人生。

　　工欲善其事，必先利其器。（先秦《论语·卫灵公》）
　　道虽迩，不行不至；事虽小，不为不成。（先秦《荀子·修身》）
　　生于忧患，而死于安乐也。（先秦《孟子·告子下》）
　　大行不顾细谨，大礼不辞小让。（汉·司马迁《史记·项羽本纪》）
　　临渊羡鱼，不如退而结网。（汉·班固《汉书·董仲舒传》）
　　成大功者不小苛。（汉·刘向《说苑·政理》）

　　读一读这些充满哲理睿智的先贤名言，对我们今天如何为人处世，相信会启发多多、获益无穷的。

　　中国自古便有一句老话："人生不如意事常八九。"现实生活并不是诗词歌赋，更不会事事都充满诗情画意。因此，在现实生活中遭遇种种的人生挫折，那是"司空见惯浑闲事"。假如在人生的道路上遇到挫折，我们是否就此一蹶不振、意志消沉下去呢？

　　天行健，君子以自强不息。（先秦《周易·乾》）

　　长风破浪会有时，直挂云帆济沧海。（唐·李白《行路难》）

　　天生我材必有用，千金散尽还复来。（唐·李白《将进酒》）

　　读一读先贤的这些经典名言，相信我们定能由此振作起来，重新燃起希望之火，顿起奋发进取之志。

　　有奋发进取的国民，才会有奋发进取的民族。中华民族之所以生生不息，中华文化之所以源远流长，正是因为我们自古以来就不乏仁人志士。

　　如欲平治天下，当今之世，舍我其谁也？（先秦《孟子·公孙丑下》）

　　老骥伏枥，志在千里；烈士暮年，壮心不已。（汉·曹操《步出夏门行·龟虽寿》）

　　心懔懔以怀霜，志眇眇而临云。（晋·陆机《文赋》）

　　会当凌绝顶，一览众山小。（唐·杜甫《望岳》）

丈夫贵兼济，岂独善一身。（唐·白居易《新制布裘》）

为天地立心，为生民立命，为往圣继绝学，为万世开太平。（宋·张载《近思录拾遗》）

　　读一读这些气壮山河、豪迈超逸的传世名言，相信我们每个人都会由此洞悉中华民族之所以伟大、中华文化之所以渊博的内在原因。

　　一个民族之所以成为一个民族，那是因为有一种民族精神。中华民族之所以成为中华民族，中华民族之所以在历经无数苦难之后仍然屹立不倒，并不断自强崛起，那是因为中华民族自古以来就有无数以国家天下为己任、舍身报国、爱国忘家的优秀儿女。

　　路漫漫其修远兮，吾将上下而求索。（先秦·屈原《楚辞·离骚》）

　　匈奴未灭，何以家为也！（汉·司马迁《史记·卫将军骠骑列传》）

　　捐躯赴国难，视死忽如归。（三国魏·曹植《白马篇》）

　　鞠躬尽瘁，死而后已。（三国蜀·诸葛亮《后出师表》）

　　风尘三尺剑，社稷一戎衣。（唐·杜甫《重经昭陵》）

　　黄沙百战穿金甲，不破楼兰终不还。（唐·王昌龄《从军行七首》）

　　先天下之忧而忧，后天下之乐而乐。（宋·范仲淹《岳阳楼记》）

　　位卑未敢忘忧国。（宋·陆游《病起书怀》）

　　人生自古谁无死，留取丹心照汗青。（宋·文天祥《过零

丁洋》)

风声、雨声、读书声，声声入耳；家事、国事、天下事，事事关心。（明·顾宪成为无锡东林书院所题联语）

苟利国家生死以，岂因祸福避趋之。（清·林则徐《赴戍登程口占示家人》）

天下兴亡，匹夫有责。（清·顾炎武《日知录·正始》）

读一读上面这些掷地有声的报国誓言、爱国心声，我们不难窥见中华民族之所以能够绵历数千年而生生不息、历久弥新的原因所在。

有爱国之心、报国之志，固然难得；而有治国安邦之才、济世爱民之情，则更为难得。中华民族之所以生生不息，并不断从苦难中站起来，那是因为我们历来不乏治国之能臣、安民之才俊。

居安思危，思则有备，有备无患。（先秦《左传·襄公十一年》）

为之于未有，治之于未乱。（先秦《老子》第六十四章）

仓廪实则知礼节，衣食足则知荣辱。（先秦《管子·牧民》）

政之所兴，在顺民心；政之所废，在逆民心。（先秦《管子·牧民》）

国虽大，好战必亡；天下虽安，忘战必危。（先秦《司马法·仁本》）

家有常业，虽饥不饿；国有常法，虽危不亡。（先秦《韩非子·饰邪》）

公正无私，一言而万民齐。（汉·刘安《淮南子·修务训》）

世不患无法，而患无必行之法。（汉·桓宽《盐铁论·申韩》）

民之所好，好之；民之所恶，恶之。（汉·戴圣《礼记·大学》）

求贤如饥渴，受谏而不厌。（晋·陈寿《三国志·吴书·张纮传》）

服民以道德，渐民以教化。（宋·欧阳修《三皇设言民不违论》）

兼听则明，偏信则暗。（宋·司马光《资治通鉴》载唐太宗语）

为政之要，曰公曰清。（宋·林逋《省心录》）

听一听这些先贤治国安邦的心得，分享他们济世安民的成功经验，今天身为人民公仆的干部一定能从中学习、领悟到不少东西；于其执政能力、行政能力的提高，也会助益多多。

治国安邦之才，经世致用之能，并不是先天所生就，而是要通过后天的学习教育。而今，世界已经进入"知识经济"时代，不接受教育、不读书或者说不会读书，都会被时代淘汰。

学而不思则罔，思而不学则殆。（先秦《论语·为政》）

玉不琢不成器，人不学不知道。（汉·戴圣《礼记·学记》）

学，然后知不足；教，然后知困。（汉·戴圣《礼记·

学记》)

少则习之学，长则材诸位。（汉·班固《汉书·董仲舒传》）

业精于勤荒于嬉，行成于思毁于随。（唐·韩愈《进学解》）

纸上得来终觉浅，绝知此事要躬行。（宋·陆游《冬夜读书示子聿》）

循序而渐进，熟读而精思。（宋·朱熹《读书之要》）

对于"为何学习"、"如何学习"，先哲前贤都提出了精辟的见解。读了上述教诲，相信今天的我们定能"心有戚戚焉"，对学习的意义与学习的方法的认识也会更加深刻的。

其实，先贤留下的名言名句，不仅极大地丰富了我们中华文化，对中国人的思想发展、人生观的确立等有着重要的影响，同时也对中国人心灵的陶冶与精神的慰藉为功不小。

余霞散成绮，澄江静如练。（南朝齐·谢朓《晚登三山还望京邑》）

白日地中出，黄河天外来。（唐·张蠙《登单于台》）

大漠沙如雪，燕山月似钩。（唐·李贺《马诗二十三首》）

大漠孤烟直，长河落日圆。（唐·王维《使至塞上》）

千里莺啼绿映红，水村山郭酒旗风。（唐·杜牧《江南春》）

日出江花红胜火，春来江水绿如蓝。（唐·白居易《忆江南》）

江流天地外，山色有无中。（唐·王维《汉江临眺》）

三山半落青天外，一水中分白鹭洲。（唐·李白《登金陵凤凰台》）

楚塞三湘接，荆门九派通。（唐·王维《汉江临眺》）

疏影横斜水清浅，暗香浮动月黄昏。（宋·林逋《山园小梅》）

烟柳画桥，风帘翠幕，参差十万人家。（宋·柳永《望海潮》）

读一读这些描写塞外、江南自然风光的诗句，相信我们都会油然而生对祖国大好河山的无限热爱之情。

白日依山尽，黄河入海流。（唐·王之涣《登鹳雀楼》）

横空过雨千峰出，大野新霜万叶枯。（唐·耿湋《九日》）

远山芳草外，流水落花中。（唐·司空曙《题鲜于秋林园》）

明月松间照，清泉石上流。（唐·王维《山居秋暝》）

柳色黄金嫩，梨花白雪香。（唐·李白《宫中行乐词八首》）

星垂平野阔，月涌大江流。（唐·杜甫《旅夜书怀》）

春色满园关不住，一枝红杏出墙来。（宋·叶绍翁《游园不值》）

风吹梅蕊闹，雨细杏花香。（宋·晏几道《临江仙》）

蕉叶半黄荷叶碧，两家秋雨一家声。（宋·杨万里《芭蕉雨》）

浮天水送无穷树，带雨云埋一半山。（宋·辛弃疾《鹧鸪天》）

一年湖上春如梦，二月江南水似天。（元·迺贤《次段吉甫助教春日怀江南韵》）

水流曲曲树重重，树里春山一两峰。（清·郑燮《潍县竹枝词》）

读一读这些描写山水花木的诗句，相信我们都会顿生"清风明月本无价，近水远山皆有情"的情感共鸣，在观照自然万物中得到心灵的净化。

目送归鸿，手挥五弦。俯仰自得，游心太玄。（三国魏·嵇康《赠兄秀才从军十八首》）

石栏斜点笔，桐叶坐题诗。（唐·杜甫《重游何氏五首》）

松风吹解带，山月照弹琴。（唐·王维《酬张少府》）

独立小桥风满袖，平林新月人归后。（南唐·冯延巳《鹊踏枝》）

欲归还小立，为爱夕阳红。（宋·陆游《东村》）

东篱把酒黄昏后，有暗香盈袖。（宋·李清照《醉花阴》）

题诗石壁上，把酒长松间。（元·倪瓒《对酒》）

闲窗听雨摊书卷，独树看云上啸台。（清·吴伟业《梅村》）

读一读这些诗句，相信我们会尘虑顿消。而对照于古人的生活情趣与潇洒的人生态度，相信今日忙忙碌碌的我们都会惭愧不已，不得不对自己的人生态度进行深刻的反省。

这套名曰"名句中国"的小丛书，虽本意在于通过对一万余条中国古代经典名句意蕴的剖析，为人们的读写实践指点

迷津，并提供"引经据典"的参考方便；但在名句意蕴解构的过程中，读者也许可以由此及彼而对博大精深的中国传统文化有个"管中窥豹"的粗略印象。"一滴水能折射出太阳的光辉。"透过名句，我们虽然不敢说能由此窥见博大精深的中国文化的深度，但最起码会给大家留下一点"浮光掠影"式的印象。

吴礼权

2008 年 4 月 8 日记于复旦园

凡　例

一、本丛书共收中国历代经典名句一万余条。入选的各名句，一般都是编者通过现代科技手段与互联网技术，在认真调查了其引用频率的基础上精选出来的。

二、本丛书所收名句依据特定的标准，共分为十二大类。每一大类又细分为若干小类。每一小类所收辞目，根据实际情况和"宁缺毋滥"的原则而多少不等。

三、辞目的编排，每一小类内的辞目编排顺序依据每一个辞目（即每一个名句）的第一个字的汉语拼音顺序依次编排。相同字头的辞目都集中于一起，排于其特定的音序位置上。第一个字与第二个字都相同的辞目，也依上述原则集中于一起，排于其特定的音序位置上。

四、每个辞目的编写体例是：首先列辞目（即名句），其次是"注释"，最后是"译文"和"点评"（句义没有难解之处，则没有译文）。即"辞目—注释—译文/点评"。

五、辞目的长度，一般是一句或两句。少数辞目考虑其意义的整体性，可能是三句、四句或更多。

六、注释的文字，包括名句的出处、生僻字词注音、难解字词的词义解释、古代汉语特殊句法结构的语法说明等四个部分。名句出处的标注，包括时代、作者、书名或篇名。成书时代难以确定的，则付之阙如。秦代以前的作品，统一以"先

秦"概括，不细分为夏、商、周、春秋、战国等。这是考虑到有些作品的成书只能确定其大致时间，而难以具体指明何年何代，如《诗经》、《周易》、《尚书》等。作者不能确定的，也付之阙如。如《论语》、《孟子》等，并非孔子、孟子自己所编定，而是由他们的弟子或后人编定的，就不便注明作者。还有些作品是大家非常熟悉的，书名本身就表明了作者，则也不注明作者，如《老子》、《庄子》等。如果所引名句是著作中的，则注明书名和篇名或章节名。生僻字的注音，以汉语拼音方案的拼写规则标注声、韵、调。

七、译文/点评的文字，根据不同情况有不同的表现形式。主要有：①句意难于理解的，先列出白话译文，或是进行句意串讲，然后再对其内容进行阐发。②句意易于理解的，则略去译文或句意串讲，直接进行内容的阐发、点评。③有些名句运用到特定修辞方式的，则明确予以指出，并说明其表达效果。④有些写景的名句，不便用编者自己的观点框定读者，就以概括句意的形式简洁点拨，以便读者作"仁者见仁，智者见智"的解读发挥。⑤有些名句的语意后世在使用中发生语义变化的，则予以说明。⑥有些名句可以引申运用的，则予以说明。

八、《文学艺术》卷注有本丛书的条目索引，索引按照汉语拼音的音序排列，读者可以方便迅速地查阅到相关条目。

目　录

构思创作

爱好由来落笔难，一诗千改始心安。

【注释】出自清·袁枚《遣兴》。由来，从来。千改，是夸张的说法，意谓反反复复地修改。

【译文/点评】喜爱的东西虽然让人心有所动、情有所发，但准确地写出来却不易。因此，要想言能达意、言能尽情，一首诗往往是要经过无数遍的修改才能让人感到心安。此言写诗之不易，改诗之不倦。

褒贬无一词，岂得为良史。

【注释】出自宋·郑文宝《对雪》。良史，好的历史学家。

【译文/点评】此言要做"良史"，就要根据客观历史事实，对历史上的人与事作实事求是的评价，该肯定的就要肯定，该否定的就要否定，该称颂的就要称颂，该斥责的就要斥责。

悲落叶于劲秋，喜柔条于芳春。

【注释】出自晋·陆机《文赋》。

【译文/点评】此言文人见秋叶落而悲、春树生而喜的心情。

比不应事，未可谓喻；文不称实，未可谓是。

【注释】出自汉·王充《论衡·物势》。比，比喻、比方。应，符合。喻，明白。文，文采。称，符合。是，正确。

【译文/点评】比喻生动而不符合事理，不可说是清楚明白的；藻饰过分而不符合事实，不可说是正确可靠的。此言比喻要恰当，藻饰要有分寸。

笔不停缀，文不加点。

【注释】出自汉·祢衡《鹦鹉赋》。加点，指不增删修改。

【译文/点评】此乃夸言一个人才思敏捷、作文一气呵成。

笔落惊风雨，诗成泣鬼神。

【注释】出自唐·杜甫《寄李十二白二十韵》。

【译文/点评】此以夸张修辞手法夸赞李白笔力千钧的不凡才气。"惊风雨"，言其诗思的敏捷；"泣鬼神"，言其诗句的神妙。

避席畏闻文字狱，著书都为稻粱谋。

【注释】出自清·龚自珍《咏史》。避席，古人席地而坐，离座起立，表示敬意，叫"避席"。文字狱，指封建时代统治者为了迫害打击某些文人而故意从其诗文中寻章摘句，罗织罪名，然后予以迫害、构成冤案的事件。稻粱，代指生计。谋，谋划、打算。

【译文/点评】此言文人起坐之间都怕闻听文字狱的事，而之所以仍要舞文弄墨、著书立说，那完全是为了生计的需要。意谓文人的著书立说乃是迫不得已，并非本性喜欢。

别裁伪体亲风雅，转益多师是汝师。

【注释】出自唐·杜甫《戏为六绝句》之六。别裁，区别、裁剪。伪体，指因袭模仿之作。亲，亲近、学习。风雅，《诗经》中"国风"与"大雅"、"小雅"，指反映现实生活的好作品。

【译文/点评】此言乃是阐明义学创作中的创新与继承的关系问题。"别裁伪体"，意在努力消除因循模仿，提倡锐意创新；"转益多师"，意在博采众长，努力学习前人创作的经验，强调的是继承。前句提倡"亲风雅"，意在强调文学创作要言之有物，要反映生活，表达真情实感；后句所说的"汝师"，乃是"转益多师"后的"师无定师"，强调的是学习前人的创作经验不要拘泥于一家，要广泛学习。很明显，这一文学思想在今天看来仍是正确的。

不薄今人爱古人，清词丽句必为邻。

【注释】出自唐·杜甫《戏为六绝句》之五。今人，指齐梁间的庾信和初唐四杰为代表的近代诗人。古人，指齐梁以上的文人。

【译文/点评】此言既表现了诗人兼采众体、不分古今，努力学习前人一切有益的文学创作经验的态度，同时也提出了一个文学创作的理念：崇尚古调而不排斥新声，重"清词丽句"而不轻忽"凌云健笔"。

不求好句，只求好意。

【注释】出自宋·欧阳修《吊僧诗》。

【译文/点评】此言好的思想内容对文章来说最为重要，

至于文字技巧则是次要的。意在劝人写作应该把主要精力放在思想感情的表达方面，而不应该专注于字句的雕琢。

常恨言语浅，不如人意深。

【注释】出自唐·刘禹锡《视刀环歌》。

【译文/点评】此言深切的感情有时难以用语言表达出来，这与我们常常所说的"言难达意"是同一个意思。

乘之愈往，识之愈真。如将不尽，与古为新。

【注释】出自唐·司空图《诗品·纤秾》。乘，指接近。之，它，指大自然。愈，越。往，深入、接近。识，认识。真，真切。如，像。与，和。

【译文/点评】越是接近自然，那么对自然美景的认识就越深入、越真切；诗歌创作就像是有了源源不断的源泉，就能使诗的意境光景常新，从而创作出与古代名篇相媲美的佳作。此言诗境创造的规律。引申之，对于任何事情，只要持锐意创新的精神，就能发现平常事物的不平常处，进而有所创新，臻至一种新的境界。

传神之难在于目。

【注释】出自宋·苏轼《传神记》。

【译文/点评】此言绘画最能传出人物精神的是眼睛。南朝宋刘义庆《世说新语·巧艺》中也有相似的话："传神写出照，正在阿堵中"（阿堵，南朝时方言，指这个，此指眼睛），也是强调画眼睛是绘画中的重点与难点，皆是行家之语。

创意造言，皆不相师。

【注释】出自唐·李翱《答朱载言书》。创意，指思想内容、思路等方面。造言，指用语措辞等形式方面。师，学习。不相师，指不因袭模仿他人。

【译文/点评】此言写作无论内容与形式都不应该因循守旧、一味沿袭模仿他人。

春花秋月冬冰雪，不听陈言只听天。

【注释】出自宋·杨万里《读张文潜诗二首》之一。陈言，陈词滥调。天，指天然。

【译文/点评】此言作诗出语造言要出于自然，随文变化，就像春有花、秋有月、冬有冰雪一样，切不可一味沿用前人或他人的陈词滥调。换言之，即是说写作不必模仿他人，只要潜心观察、用心体会自然万物，便能触景生情，写出好作品。

辞必高然后为奇，意必深然后为工。

【注释】出自唐·李樵《与友人论文书》。工，精巧。

【译文/点评】要想文辞超群、表意精巧，就须用字遣词高妙、思想意蕴深刻。此言"辞高"、"意深"是文章达到"奇"、"工"的前提。

辞不可不修，而说不可不善。

【注释】出自汉·刘向《说苑·善说》。

【译文/点评】言辞不能不修饰，而游说不能不动人。此句意在说明言辞技巧和游说艺术的重要性。这是刘向总结历史上善说者的历史功绩而发的议论。

辞，达而已矣。

【注释】出自先秦《论语·卫灵公》载孔子语。辞，言辞。达，表达意思。而已，助词，罢了。矣，句末语气助词，相当于"了"。

【译文/点评】言辞，传情达意就足够了。此言说话写作，把意思表达清楚就可以了，不必再过多地斟酌语言表达技巧。孔子这句话表面看起来与他的另一句话"言之不文，行而不远"相矛盾，实则并不矛盾。因为能够清楚地表情达意，这也是一种修辞境界。事实上，"言能达意"并不是每个人不经努力就能达到的境界。宋人苏轼解释孔子此语，持的正是这个观点。如果结合孔子所说的另一句话："言之不文，行而不远"（《左传》记孔子语），则可见孔子并无反对修辞的意思，而只是意在提倡辞贵达意，反对过分讲究形式技巧而已。

村村皆画本，处处有诗材。

【注释】出自宋·陆游《舟中作》。画本，指绘画所依据的自然对象。诗材，作诗的素材。

【译文/点评】此言处处留心生活、取法于大自然，便有取之不尽的诗画题材与灵感。意在强调自然万物与社会生活对于文艺创作的影响作用。

大略如行云流水，初无定质，但常行于所当行，常止于所不可不止，文理自然，姿态横生。

【注释】出自宋·苏轼《与谢民师推官书》。大略，大致。定质，确定的目标。

【译文/点评】（你的诗赋文章）整体看来，就像是浮动的

云、流动的水，开始时没有定向，但是常常能够流动于所应当流动之处，停止于应当停止之时，文理自然，姿态横生。这是苏轼赞扬谢民师诗赋文章平易自然的风格。虽是赞人之语，却以比喻修辞手法形象地提出了一个文学创作的原则：为文应当平易自然，不可故作雕琢。

但肯寻诗便有诗，灵犀一点是吾师。

【注释】出自清·袁枚《遣兴》。灵犀，即心灵。

【译文/点评】前句是说只要留心事事处处都有诗意，后句是说大自然就是自己的老师。唐人李商隐有诗句"身无彩凤双飞翼，心有灵犀一点通"（《无题二首》之一），说的是男女之间的心灵契合与感应。这里诗人化而用之，表达的是自己与大自然之间的声气相通，更显诗人对自然的热爱之情。

登山则情满于山，观海则意溢于海。

【注释】出自南朝梁·刘勰《文心雕龙·神思》。则，那么、就。

【译文/点评】写作时一想到山，眼前就会浮现出山的景色而忘情于其间；一想到海，脑子里便有大海汹涌澎湃的景象充溢其中。此言人在写作时想象力神驰无涯的情形。

低眉信手续续弹，说尽心中无限事。

【注释】出自唐·白居易《琵琶行》。信手，随手。

【译文/点评】此写琵琶女弹琴的表情与琵琶之声诉衷情的感人情态。

二句三年得，一吟双泪流。

【注释】出自唐·贾岛《题诗后》。

【译文/点评】此言作诗推敲字句的辛苦情状。现代我们虽然不再作律诗，但是要写好文章，这种字斟句酌的认真态度仍然是需要的。不然，要作传世之文，恐怕难矣。

凡书画当观韵。

【注释】出自宋·黄庭坚《题摹燕郭尚父图》。书，书法。韵，神韵。

【译文/点评】此言欣赏书法与绘画当以神韵为依归。

凡学书者，得其一，可以通其余。

【注释】出自宋·欧阳修《试笔·李邕书》。书，指书法。

【译文/点评】此言学习书法，精通一家便可触类旁通而得其余各家的精髓所在。

丰而不余一言，约而不失一辞。

【注释】出自唐·韩愈《上襄阳于相公书》。丰，繁丰。约，简约。

【译文/点评】文字繁丰但不多一言，行文简约但不少一词。此言乃是强调写文章不论是追求"繁丰"风格还是"简约"风格，都要遵循"恰到好处"的原则。

感人心者，莫先乎情。

【注释】出自唐·白居易《与元九书》。莫先乎，没有比……更能倚靠（更重要）的。

【译文/点评】感动人心的，没有比真情更重要的。此言文学作品的创作要重视真情实感的表达。

高情壮思，有抑扬天地之心；雄笔奇才，有鼓怒风云之气。

【注释】出自唐·王勃《游冀州韩家园序》。

【译文/点评】前句言想象力之丰富，后句言文笔之遒劲。二句皆以夸张修辞手法言之，意在给人留下深刻印象。

高谈则龙腾豹变，下笔则烟飞雾凝。

【注释】出自唐·卢照邻《悲才难》。

【译文/点评】此乃以夸张修辞手法写善于言谈与写作所显现的奇特的表达效果，意在强调说写都应该讲究修辞，讲究表达的艺术效果。

功夫在诗外。

【注释】出自宋·陆游《示子遹》。

【译文/点评】此言在文学创作上要想取得成就，不在于文字功夫的修养上，而在于社会生活的积累，要有对生活、人生、社会等的深刻体认。

古来万事贵天生。

【注释】出自唐·李白《草书歌行》。

【译文/点评】此言意在提倡艺术要出于自然，不必矫揉造作。

国家不幸诗家幸，赋到沧桑句便工。

【注释】出自清·赵翼《题元遗山集》。赋，写诗。沧桑，指历经世事变化的磨难。工，指诗歌创作的最高境界。

【译文/点评】此言文学家要写出不朽的文学作品，就必须有丰富的社会生活阅历，对社会生活乃至苦难有深刻的体认。这样，才能有真情实感打动读者之心，有深刻独到的思想让人从中得到教益。我们常常说"孤独出诗人"，说的正是这个道理。因为人在顺境之中，往往缺乏对于生活乃至苦难的深刻体认，因而也就不可能写出有真情实感、言之有物的好作品，其不能打动读者自在情理之中。

画竹必先得成竹于胸中。

【注释】出自宋·苏轼《文与可画筼筜谷偃竹记》。

【译文/点评】此言绘画先要在脑海中形成一个完整的形象，构形想象的过程要完成于动笔之前。

饥者歌其食，劳者歌其事。

【注释】出自先秦《公羊传·宣公十五年》何休解诂。歌，唱、吟叹。

【译文/点评】饥饿的人咏叹他得到的食物，劳动者歌咏他所从事的工作。此言诗歌是劳动人民抒写自己劳动与生活的产物。这在某种程度上触及了文艺的起源问题。

精骛八极，心游万仞。

【注释】出自晋·陆机《文赋》。精、心，皆指思想、想象。骛（wù），纵横奔驰。八极，八方，指极远之处。万仞

（rèn），指极高。仞，古代的长度单位，八尺为一仞。

【译文/点评】此言写文章构思要充分发挥想象力，不要为时空所限制。

究天人之际，通古今之变，成一家之言。

【注释】出自汉·司马迁《报任少卿书》。

【译文/点评】探究天地自然、人文社会的规律，考察历代兴亡的因由，写成一部自成体系的史书（指《史记》）。此乃司马迁自述创作《史记》的宗旨。

口辩者其言深，笔敏者其文沉。

【注释】出自汉·王充《论衡·自纪》。口辩，口才好。笔敏，文笔好。

【译文/点评】口才好的人言语深刻，文笔好的人文章深沉。此言善于口头表达与书面表达的人各有不同的特点。

口则务在明言，笔则务在露文。

【注释】出自汉·王充《论衡·自纪》。务，务求、力求。明言，说清楚。露文，写得有文采。

【译文/点评】口头的表达务求要清楚明白，书面的表达务求有文采。此言说话与写作不同的要求。

夸而有节，饰而不诬。

【注释】出自南朝梁·刘勰《文心雕龙·夸饰》。夸、饰，此指夸张、增饰。诬，虚假。

【译文/点评】夸张而有节制，增饰而不虚假。此言运用

夸张修辞手法应当遵循的基本原则。

宽心应是酒，遣兴莫过诗。

【注释】出自唐·杜甫《可惜》。

【译文/点评】此言诗酒的作用：遣兴、宽心，即寄托情兴、慰解心灵。

劳于读书，逸于作文。

【注释】出自元·程端礼《读书分年日程》。

【译文/点评】此言在读书方面多花工夫，才能在写作时轻松自如。此与"读书破万卷，下笔如有神"之义相同。

立片言而居要，乃一篇之警策。

【注释】出自晋·陆机《文赋》。片言，形容极少的文字。要，指文章的关键之处。警策，指文章中最精辟、精彩的部分。

【译文/点评】此言在文章的关键之处要有精辟、精彩的语句以突显其意，为文章添彩，以期给读者留下深刻的印象。

灵丹一粒，点铁成金。

【注释】出自宋·黄庭坚《答洪驹父书》。

【译文/点评】此以比喻修辞手法，形象地说明了善于化用前人妙句的独特作用。

羚羊挂角，无迹可求。

【注释】出自宋·严羽《沧浪诗话·诗辩》。无迹可求，

指意境自然。

【译文/点评】传说羚羊生性警惕，睡觉时为防天敌偷袭，常以角悬于树上，四足不着地，使天敌无迹可寻，从而防患于未然。此以羚羊睡眠的特点为喻，形容诗歌创作中意境超脱、不着痕迹的境界。

笼天地于形内，挫万物于笔端。

【注释】出自晋·陆机《文赋》。形内，此指头脑，即人的联想想象能力。笼、挫，这里皆指"收揽"。

【译文/点评】天地都在自己脑海之中，万物都尽现于笔端之下。此以夸张修辞手法写作家的想象力之丰富，文笔之高妙。

论如析薪，贵能破理。

【注释】出自南朝梁·刘勰《文心雕龙·论说》。论，论说，一种文体。析薪，劈柴。理，指木头的纹理。

【译文/点评】"论"要像以斧劈柴，贵在能够顺着纹理。意谓论说要条理清楚，言之成理，逻辑性强。

论说之出，犹弓矢之发也；论之应理，犹矢之中的。

【注释】出自汉·王充《论衡·超奇》。犹，像。弓矢，弓箭。发，射出。应，符合。中的，射中箭靶。

【译文/点评】论说的发出，就像是弓箭射出一样；论说之符合事理，就像箭头射中了箭靶。此言意在强调论说以讲清道理为第一要务。

妙不可尽之于言，事不可穷之于笔。

【注释】出自晋·郭璞《江赋》。尽、穷，指穷尽、尽述。言，言辞。笔，指文章。

【译文/点评】此言用语言表达思想与感情有其一定的局限性，不能将所要说的、所要写的都形诸言辞与文字而传达给别人。我们今天常说"言不尽意"、"文难尽情"，说的正是这个意思。

妙手何人为写真，只难传处是精神。

【注释】出自宋·张孝祥《浣溪沙》。写真，绘画。

【译文/点评】此言绘画最难的不是画得像，而是画出某种精气神。

敏捷诗千首，飘零酒一杯。

【注释】出自唐·杜甫《不见》。

【译文/点评】前句言李白诗思的敏捷，后句言其江湖飘零的处境。两相对比，为其怀才不遇的悲苦而感慨之意尽在其中矣。

能改则瑕可为瑜，瓦砾可为珠玉。

【注释】出自唐·李沂《秋星阁诗话》。瑕，玉上的斑点、小毛病。瑜，美玉。瓦砾，碎瓦片。

【译文/点评】善于修改文章，能使不好的文章变成美文，这就像有斑点的玉石会变成美玉，碎瓦片会变成珠玉一样。此以比喻修辞手法形象地说明了文章修改的重要性。

奇文共欣赏，疑义相与析。

【注释】出自晋·陶渊明《移居二首》之一。奇文，指写得比较得意的文章。疑义，指未明的道理。析，剖析、分析。

【译文/点评】此写与同好切磋文章的快乐之情。

气盛，则言之短长与声之高下者皆宜。

【注释】出自唐·韩愈《答李翊书》。气盛，指文章所表达的思想非常健康、情感非常饱满，能够体现出作者昂扬的精神状态。则，那么、就。

【译文/点评】文章的"气"盛，那么它的句式长短、声音节奏的高低无论如何安排，都会显得自然而合宜。此言文章要想写得好，平时就须加强精神修养，即孟子所说的"养吾浩然之气"。也就是说，文章写得好不好，并不取决于文字技巧如何，而在于思想内容、情感境界的高下。

清水出芙蓉，天然去雕饰。

【注释】出自唐·李白《经乱离后天恩流夜郎忆旧游书怀赠江夏韦太守良宰》。芙蓉，荷花。雕饰，指文章的雕凿修饰。

【译文/点评】此以荷花出水为喻，强调诗歌创作应以"自然"为美的原则，反对在文辞上过分雕饰讲究。

情以物迁，辞以情发。

【注释】出自南朝梁·刘勰《文心雕龙·物色》。迁，改变。

【译文/点评】情感随着不同的景物而变化，文辞因为感

情而产生。此言文学创作与景物、感情的关系。

情欲信，辞欲巧。

【注释】出自汉·戴圣《礼记·表记》。

【译文/点评】要想使自己的真实情感为别人所相信，就要注意表达方式，使言辞表达具有艺术性。此乃强调言语表达中必须重视修辞的意义。

晴空一鹤排云上，便引诗情到碧霄。

【注释】出自唐·刘禹锡《秋词二首》。碧霄，天空。

【译文/点评】此言触景而生诗思的创作现象。

人所易言，我寡言之；人所难言，我易言之。

【注释】出自宋·姜夔《白石道人诗说》。

【译文/点评】别人容易说得好的，我少说；别人难以说清的，我很轻易就能说清楚。此言文学创作要有创造性。

三分春色描来易，一段伤心画出难。

【注释】出自明·汤显祖《牡丹亭·写真》。

【译文/点评】此言春色易写，情感上的痛苦是难以表达的。

善为书者以真楷为难，而真楷以小楷为难。

【注释】出自宋·欧阳修《跋茶录》。真楷，即正楷。

【译文/点评】擅长书法的人以写好正楷字体为最难，而正楷的书写又以小楷最难。此言正楷字体虽看起来简单，其实

是书体中最难写好的一种。这个观点，习书法者应该最有
体会。

善为文人者，富于万篇，贫于一字。

【注释】出自南朝梁·刘勰《文心雕龙·练字》。

【译文/点评】会写文章的人，写起文章万篇也不在话下，
但是有时却为找不到一个恰当的字词而无比苦恼。此言写文章
中"炼字"的不易。

赏由物召，兴以情迁。

【注释】出自唐·王勃《采莲赋》。兴，兴趣、兴致。以，
因为。迁，迁移、改变。

【译文/点评】喜悦赞赏之情起于景物的感召，情趣兴致
因为感情而发生变化。此言大自然的景物会让人心生感动欣悦
之情，但是人的情感却也能左右对大自然景物的欣赏情趣。

深言则似不逊，略言则事不决。

【注释】出自南朝宋·范晔《后汉书·隗嚣传》。深言，
指话说得直白、透彻。则，那么。逊，谦虚、礼貌。略言，指
话说得婉转、简约。决，决断。

【译文/点评】如果把话说白说透，那么则有失礼之嫌；
要是把话说得婉转简约，那么恐怕又难于决断事情。此言用语
言表情达意之不易。

声乐之入人也深，其化人也速。

【注释】出自先秦《荀子·乐论》。声乐，音乐。之，结

17

构助词，放在主谓语之间，取消句子的独立性。入人，打动人心。化，感化、改造。也，句中语气助词。其，指示代词，指声乐。

【译文/点评】音乐不仅有深切的打动人心的力量，其感化人的效果也非常快速。此言音乐在感染人、感化人方面独特的艺术力量。

声转于吻，玲玲如振玉；辞靡于耳，累累如贯珠矣。

【注释】出自南朝梁·刘勰《文心雕龙·声律》。吻，嘴。玲玲，指玉振之声。靡，细密，指和谐。累累，指积累之状。矣，句末语气助词。

【译文/点评】声音婉转于唇吻之间，就像玉石振动之声一样美妙；文辞和谐悦耳，听起来就像是圆转的串珠一样。此言善于协调文字平仄、交错声音高低的独特效果，强调的是音律上修辞的重要性。

师其意不师其辞。

【注释】出自唐·韩愈《答刘正夫书》。师，学习、模仿。

【译文/点评】对于古人的文章，要学习其精神内涵，不要亦步亦趋地模仿其词句等形式上的东西。此言借鉴学习前人文学创作的经验要着眼于内容精神方面，而不宜重在形式和皮毛方面。

诗画本一律，天工与清新。

【注释】出自宋·苏轼《书鄢陵王主簿所画折枝二首》其一。天工，指自然而不造作。

【译文/点评】此言作诗作画都是一样的，都以"天工"与"清新"为最高境界。所谓"天工"，就是造语用笔要自然，不要矫揉造作；所谓"清新"，就是要有新意，让人有耳目一新之感。

诗可以兴，可以观，可以群，可以怨。

【注释】出自先秦《论语·阳货》。诗，指《诗经》。兴，指联想、想象。观，观察。群，合群。怨，讽刺。

【译文/点评】学习《诗经》，可以培养想象力，可以提高观察力，可以增强群体意识，可以掌握讽刺批评的语言技巧。这是孔子对《诗经》价值的整体认识与学习《诗经》意义的阐发，是历代文学家经常要征引的名言。

诗情无限景无穷。

【注释】出自宋·曾肇《题多景楼》。

【译文/点评】此言诗情与景致的互动关系：触景能生情，情发而景美。

诗情也似并刀快，剪得秋光入卷来。

【注释】出自宋·陆游《秋思》。并刀，并州的刀，古代最为有名的刀。

【译文/点评】此言诗思敏捷，触景生情，秋天景色尽入诗中。

诗言其志也，歌咏其声也，舞动其容也。

【注释】出自汉·戴圣《礼记·乐记》。也，用于句末，

帮助判断。

【译文/点评】诗是表达思想感情的，歌是把诗的内容咏唱成曲调的，舞是将诗的内容形诸动作的。此言诗、歌、舞三种文艺形式的区别与作用。

诗言志，歌永言，声依永，律和声。

【注释】出自先秦《尚书·舜典》。志，心志、思想感情。永，同"咏"。

【译文/点评】诗是表达思想感情的，歌所咏唱的是表达思想感情的言辞，声调要依照咏唱的内容而定，音律要与声调相和谐。此言作诗咏歌要合声律的原理。

诗之外有事，诗之中有人。

【注释】出自清·黄遵宪《人境庐诗草自序》。

【译文/点评】此言作诗贵在言外意，从中可以让人推知诗所反映的社会生活情状；作诗要有真情实感，应该让读诗人由诗读出诗人内在的情愫与所欲表达的意向。

实言无多，而华文无寡；为世用者，百篇无害；不为用者，一章无补。

【注释】出自汉·王充《论衡·自纪》。章，相当于今天所说的一个段落。

【译文/点评】有实际内容的话不怕多，华而不实的文章不怕少；为世所用的文章，纵有百篇也不妨；不为世所用的文章，一段也嫌多。此言文章应该言之有物，不可华而不实；文章要有经世致用之效，不可徒然卖弄技巧而无益于世事。

世间无限丹青手，一片伤心画不成。

【注释】出自唐·高蟾《金陵晚望》。丹青手，指画家、绘画者。

【译文/点评】此言再高明的画家也难以将抽象的感情通过画作表现出来。

世理则词直，世忌则词隐。

【注释】出自唐·元稹《和李校书新题乐府十二首》。世理，世道太平。世忌，世道混乱。

【译文/点评】此言文学创作要看世道的治乱而选择率直或隐曲的方式予以表达。

事莫明于有效，论莫定于有证。

【注释】出自汉·王充《论衡·薄葬》。

【译文/点评】事情没有比有实际效果更明显的，议论没有比拿出证据更重要的。此言做事要讲究实效，说话要重视证据。

事信言文，乃能表见于后世。

【注释】出自宋·欧阳修《代人上王枢密求先集序》。

【译文/点评】所写内容真实可靠，语言表达富有文采，这样才能流传于后世。此言内容与形式要并重，意义与辞采要兼修。

事以简为止，言以简为当。

【注释】出自宋·陈骙《文则》。事，叙事，此指写文章。

【译文/点评】叙事以简约为标准，语言表达以简约为恰当。此言写作与口头表达都应当以简洁明了为目标。

是是非非，号为信史。

【注释】出自明·冯梦龙《东周列国志》第五十一回。是（第一个），当动词用，意为"以……为是（正确）"。非（第一个），当动词用，意为"以……为非（错误）"。信史，真实可信的历史著作。

【译文/点评】肯定正确的，否定错误的，就可以称得上是"信史"了。此言"信史"是尊重历史事实的，是非是有其客观标准的。

首章标其目，卒章显其志。

【注释】出自唐·白居易《新乐府序》。章，相当于现代的段落。卒，最后。目，题目。志，主题思想、主旨。

【译文/点评】以诗的首句为题，在诗的结束部分再予以强调，从而突出诗的主旨。这是讲新乐府诗的作法，虽是说诗，对其他文章篇章结构的规划也有参考意义。

书不尽言，言不尽意。

【注释】出自先秦《周易·系辞上》。书，指文字。言，指言辞。意，指思想或情感。

【译文/点评】文字并不能完全表达要说的话，说出来的话也不能完全反映所要表达的思想。此言语言对思想反映的局限性。正因为如此，日常生活中我们常有"言不尽意"的情况发生。

书之要，统于骨气二字。

【注释】出自清·刘熙载《艺概·书概》。之，的。要，关键。骨气，此指书体的骨格架构与气韵风格。

【译文/点评】学习书法的关键，可以归纳于两个字"骨"与"气"。此言书体的美观与否，是与书体的骨格架构和气韵风格密切相关的。因此，掌握书法的关键在于"骨"、"气"二字。

水性虚而沦漪结，木体实而花萼振，文附质也。

【注释】出自南朝梁·刘勰《文心雕龙·情采》。沦漪（yī），波纹。花萼（è），花托。文，指文章的文辞。质，指文章的思想内容。

【译文/点评】水性虚，所以水面能生波纹；树体实，所以花朵能绽放于花托之上。可见，文章的文采要以文章的思想内容为依托。此以水与波纹、树与花朵的关系为喻，说明文章应该以思想内容为主，以修辞文采为辅的道理。

思风发于胸臆，言泉流于唇齿。

【注释】出自晋·陆机《文赋》。胸臆，胸中。

【译文/点评】文思像风一样由胸中而起，言辞像泉水奔流于唇齿之间。此言文学创作时灵感出现就会文思畅达、妙笔生花。

思若泉涌，文若春华。

【注释】出自唐·张说《齐黄门侍郎卢思道碑》。若，像。春华，春天开的花。

【译文/点评】此言乃是形容一个人文思畅达、文笔华美之辞。

思若云飞，辩同河泻。

【注释】出自唐·杨炯《大周明威将军梁公神道碑》。

【译文/点评】文思如天上飞云，口才无碍就像黄河一泻千里。此乃以比喻修辞手法夸说梁公文思敏捷、辩才无碍的出众才华。

思无定契，理有恒存。

【注释】出自南朝梁·刘勰《文心雕龙·总术》。思，文思。定契，规律。理，指写作的原理、条理。

【译文/点评】文思虽然没有一定的规律，但是写作的道理则是有一定规律的。此言文思因人而异，难以确定规范，但写作的基本规律还是存在的，意在强调写作规律存在的客观性。

搜尽奇峰打草稿。

【注释】出自清·原济《苦瓜和尚语录》。

【译文/点评】此乃清代著名画家石涛（即原济）对绘画的见解，意在强调绘画要师法大自然，并反复观察、体验。

所谓文者，务为有补于世而已矣。

【注释】出自宋·王安石《上人书》。者，结构助词，帮助引出主语，构成判断。务，追求。矣，句末语气助词。

【译文/点评】所谓文章，就是追求对世道有益罢了。

体不备不可以为成人，辞不足不可以为成文。

【注释】出自唐·韩愈《答尉迟生书》。成人，指完整的人。成文，指好的文章。

【译文/点评】此以身体完备才是正常人为喻，说明文章不仅要有充实的思想内容，也需要有好的语言表达形式。意在强调写文章要重视修辞，讲究表达的艺术。

体无常轨，言无常宗，物无常用，景无常取。

【注释】出自唐·皇甫湜《渝业》。宗，以之为宗、遵守、效法。

【译文/点评】文章体式没有一定的规范，语言表达没有可供模仿而一成不变的蓝本，写物没有常用的格式，取景没有固定不变的模式。此言文学创作不可固守旧框框，要有勇于创新的精神。

为人性僻耽佳句，语不惊人死不休。

【注释】出自唐·杜甫《江上值水如海势聊短述》。

【译文/点评】此乃诗人文学创作理念的表白：锤炼字句、遣词用语应该精益求精，不可失之苟且。这与诗人自己"文章千古事，得失寸心知"（《偶题》）的认知是相一致的。

为文以意为主，气为辅，以辞彩章句为之兵卫。

【注释】出自唐·杜牧《答庄充书》。意，指思想或感情。气，指古人所说的文气。辞彩章句，指语言表达的文采与技巧。兵卫，比喻辅助。

【译文/点评】此言文章写作中如何处理好"意"、"气"

与文采的关系，强调的是以意义内容为主，以文气与辞采为辅，也就是内容优先，形式次之。

为文有三多：看多、做多、商量多。

【注释】出自宋·陈师道《后山诗话》。商量，指与人切磋交流。

【译文/点评】此言写好文章的三个途径：多读前人与他人作品，从中领悟、学习其有益的东西；多写多练习，在写作实践中积累直接经验；多与他人交流切磋，便能有所启发。应该说，这是有关写作的经典之论。

为言不益，则美不足称；为文不渥，则事不足褒。

【注释】出自汉·王充《论衡·儒增》。益，增加，此指夸张。则，那么。渥（wò），优厚，此指铺排夸张。

【译文/点评】说话不夸张点，那么就不能把所要赞美的意思尽情表达出来；写文章不铺张扬厉，那么所要褒扬的意思就不能凸显出来。此言说话、作文适当的夸张是必要的，它有强化他人接受印象的作用。

唯有诗魔降未得，每逢风月一闲吟。

【注释】出自唐·白居易《闲吟》。

【译文/点评】此以折绕修辞手法表达自己钟情于诗歌创作的心情。

惟陈言之务去。

【注释】出自唐·韩愈《答李翊书》。惟，只。陈言，陈

词滥调。之，结构助词，将宾语提前。务，一定。去，去除。

【译文/点评】一定要把陈词滥调去掉。此言乃是强调写文章不能因循模仿，应当锐意创新。

唯歌生民病，愿得天子知。

【注释】出自唐·白居易《寄唐生》。生民病，此指人民疾苦。愿，希望。

【译文/点评】诗中所写都是反映人民疾苦的内容，希望引起皇帝的重视。此乃诗人自道其诗歌创作的宗旨，表现了诗人时刻把民众疾苦挂在心间的忧国忧民的情怀。

未画之前，不立一格；既画以后，不留一格。

【注释】出自清·郑燮《题画·乱兰乱竹乱石与汪希林》。格，指某种风格、模式。

【译文/点评】此言动手作画之前心中要有敢于创新、不拘泥于古人成法的志向；画完以后，要能看不出留有前人某一种风格的痕迹。意谓绘画要勇于创新，不拘泥于成法，要有常画常新的新鲜感。

文不能尽言，言不能尽意。

【注释】出自晋·陈寿《三国志·蜀书·秦宓传》。

【译文/点评】文字不能将所要表达的言辞都表达出来，言辞不能将所要表达的意思都表达出来。此言用文字和言辞表达思想、情感也有很大局限性。因此，古人有"言不尽意"的说法。

文可以变风俗，学可以究天人。

【注释】出自唐·李白《为宋中丞自荐表》。究，探究。

【译文/点评】此言文学有改变风俗与推究自然和人类奥秘的作用。在文字形式上，这二句乃是运用了互文手段，"文"与"学"二字分属二句，实则互相兼容，即"文学可以变风俗，文学可以究天人"。

文学之于人也，譬乎药。善服，有济；不善服，反为害。

【注释】出自唐·皮日休《鹿门隐书六十篇》。文学，此指文采、辞藻等修辞方面的东西。济，帮助。

【译文/点评】辞采修辞对于人，就好比是服药，善于运用对提高文章的表达效果是有帮助的；不善于运用，就好比不善服药一样，反而对文章有害。此言思想感情等内容方面的东西与辞采章句方面的语言技巧之间的关系要正确处理，要以意为主，以辞采为辅。不然，就会有因辞而害义的结果。

文以达吾心，画以适吾意。

【注释】出自宋·苏轼《书朱象先画后》。以，用以。

【译文/点评】文章是用来表达我的思想的，绘画则是用来抒发我的情意的。此言文章和绘画在表达人的思想与情感方面的作用。

文以行为本，在先诚其中。

【注释】出自唐·柳宗元《报袁君陈秀才避师名书》。行，指道德人品。本，根本。诚其中，指加强思想道德修养。

【译文/点评】文章以作者的道德人品为根基，作者在写

作前应先加强自身道德修养。此言乃是强调思想道德修养对文学创作的制约作用，与我们通常所说"作文先做人"意义相同。

文章必自名一家，然后可以传不朽。

【注释】出自宋·魏庆之《诗人玉屑》载宋祁语。

【译义/点评】此言写文章要有自己的个性与独到的风格，才可在历史上长久流传下去。意在强调作家要锐意创新，建立自己的风格。

文章不为空言，而期于有用。

【注释】出自宋·欧阳修《荐布衣苏洵状》。期，期待。

【译文/点评】此言写文章的目的不在于以空言哗众取宠，而在于经世致用，有益于国政民生。

文章草草皆千古，仕宦匆匆只十年。

【注释】出自清·黄景仁《呈袁简斋太史》。千古，指代极长的时间。十年，此代指短暂的时间。仕宦，做官。

【译文/点评】此言随便写出的文章就可千古留名，而做官做得再大也顶多荣耀十年，意谓做文人比做官好。这是解嘲与自我安慰的话，非出于本心。因为中国人历来是认为做官好，事实也是如此。

文章当以理致为心肾，气调为筋骨，事义为皮肤，华丽为冠冕。

【注释】出自北齐·颜之推《颜氏家训·文章》。理致，义理、情致，即思想情感。气调，气韵格调。事义，此指运用

典故。华丽，指文辞华美、修辞精巧。

【译文/点评】文章应当以思想情感为心肾，以气韵格调为筋骨，以用典为皮肤，以华丽精巧的文辞作为冠冕。此以比喻修辞手法，形象地说明了写文章所要遵循的基本原则：以思想情感的表达为根本，同时关注气韵格调的高雅与用典的恰当，最后才是讲究修辞技巧。

文章合为时而著，歌诗合为事而作。

【注释】出自唐·白居易《与元九书》。合，应当。

【译文/点评】此言文学创作要因时因事而为，也就是要有现实意义，不能为做文章而做文章。这种现实主义的文学创作观点与唐人韩愈、柳宗元等人提倡的"文以载道"的思想是一致的。

文章，经国之大业，不朽之盛事。

【注释】出自三国魏·曹丕《典论·论文》。

【译文/点评】文章是经世治国的大业，也是不朽的盛事。此言文章的作用，虽有所夸张，但可见曹丕作为一代帝王对于文学的重视。

文章均得江山助，但觉前贤畏后贤。

【注释】出自宋·王十朋《游东坡十一绝》。但觉，只觉得。

【译文/点评】此言好文章都是作者在美好的山水风物的启发下写出的，后代作者对山水风物的体察有超越前人的心得，所以便有超越前人的好文章。

文章千古事，得失寸心知。

【注释】出自唐·杜甫《偶题》。

【译文/点评】此言意在强调对于做文章要有正确的态度。"千古事"，是夸张，意在强调文章的重要性，意谓不可草率马虎而随意为之；"寸心知"，是说文章的好坏应该自己心中有数，对于自己的才华要有自知之明，不可自高自大，意谓做文章的人应该时刻持有一种谦虚的心态。

文章随世作低昂，变尽风骚到晚唐。

【注释】出自宋·戴复古《论诗十绝》之一。文章，此指诗歌。低昂，指起伏变化。风骚，指《诗经》中的《国风》与楚辞中的《离骚》，代指具有现实主义传统的作品。

【译文/点评】此言诗歌是随着时代而不断发展变化的。同样是具有现实主义风格的作品，从先秦到晚唐也是有变化的。此言意在阐发文学与时代的关系，我们今天常说"一个时代有一个时代的文学"，说的正是这个道理。

文章须自出机杼，成一家风骨。

【注释】出自北齐·魏收《魏书·祖莹传》。机杼（zhù），织布机的梭子，在此比喻诗文的构思与布局。风骨，风格。

【译文/点评】文章的构思与布局都出于自己的创造，才能自成一家风格。此言写作要有创造性，不可因循他人旧有的模式。

文章一小技，于道未为尊。

【注释】出自唐·杜甫《贻华阳柳少府》。道，指儒家的

思想理念。

【译文/点评】此言从儒家"修身、齐家、治国、平天下"的理念看，文章对治国安邦所起的作用非常有限。这话其实是诗人怀才不遇、大志难伸的牢骚之言，因为诗人在心中是把文章看得非常重的，"文章千古事，得失寸心知"即出自诗人之口。

文章以华采为末，而以体用为本。

【注释】出自宋·苏轼《答乔舍人启》。华采，文采。体用，思想内容。末，次要。本，根本。

【译文/点评】文章以文采为次要的东西，以思想内容的充实有益为根本。此言文章要有益于世道人心，而不是徒然炫耀个人的文采。

文章止于润身，政事可以及物。

【注释】出自元·脱脱等《宋史·欧阳修传》。

【译文/点评】写文章只能有助于提升个人的道德修养、获取好的声名，而从事政事，参与治国安邦，则能惠及万物、有益万民。此言文章的作用有限，只能有益于个人，而从政入世则能有益于天下万民。意在强调从政入世对社会和国家的意义。

文者，务为有补于世而已矣。

【注释】出自宋·王安石《上人书》。务，一定。有补于，有益于。矣，句末语气助词。

【译文/点评】文章是一定要有助于世事的。此言意谓文

章要发挥经世致用的效果，不能"为文章而文章"。

我手写我口，古岂能拘牵。

【注释】出自清·黄遵宪《杂感》。拘牵，指限制。

【译文/点评】此言写作要用自己的语言真实地表达自己的思想与情感，不必拘泥于前人的陈规旧体。意谓写作要有创新意识，不能墨守成规，这样才能建立起自己鲜明而独特的风格。

无一定之律，而有一定之妙。

【注释】出自清·刘大櫆《论文偶记·三一》。

【译文/点评】此言文章的写作没有一成不变的规律，但是文章的高妙与否则是有标准的。

谢朝华于已披，启夕秀于未振。

【注释】出自晋·陆机《文赋》。谢，谢绝、摒除。朝华，即朝花。已披，指花已开过。启，开启。夕秀，指晚开之花。未振，指未开之花。

【译文/点评】摒除前人用过的陈词滥调，就像抛弃已经开放过的朝花；创意造言，力求写出新意，就像催放晚开之花一样。此乃以花开为喻，强调说明文学创作的一个基本原则：务去陈言，锐意创新。

心哀而歌不乐，心乐而哭不哀。

【注释】出自汉·刘安《淮南子·缪称训》。

【译文/点评】心有悲哀之情，即使是唱快乐的曲子也听

不出快乐的情调来；心有喜悦之情，即使是假装哭泣也听不出悲哀之音。此言悲喜的情感与歌哭之声的效果有着密切的关系，意谓一个人内心的秘密可以透过其声音形式反映出来。

心同野鹤与尘远，诗似冰壶见底清。

【注释】出自唐·韦应物《赠王信御》。

【译文/点评】此言有超然物外的志向，才会写出高洁清新风格的诗来。意在强调作品与人品的关系。

胸次山高水远，笔端云起风狂。

【注释】出自宋·向子谭《题米元晖横轴》。胸次，胸中。

【译文/点评】此言画家只有想象力丰富，笔下才有不同凡响的画面出现。

胸中之竹，并不是眼中之竹也；手中之竹，又不是胸中之竹也。

【注释】出自清·郑燮《题画·竹》。胸中之竹，指上升到理性认识阶段的竹。眼中之竹，指现实之中的竹。手中之竹，指画出的竹。

【译文/点评】此言绘画对象物来源于生活，又不同于现实生活中的对象物，而是经过作者艺术加工后的对象物。而对象物画成后，又与作者理念中的对象又有了距离，这是因为受到绘画当时作者主观能动性的影响。

修辞立诚，在于无愧。

【注释】出自南朝梁·刘勰《文心雕龙·祝盟》。修辞，

讲究辞采，此指写文章。

【译文/点评】此言写文章应该要有真情实感，这样才能不负读者而问心无愧。

修辞立其诚。

【注释】出自先秦《周易·乾·文言》。

【译文/点评】修饰言辞要有真诚之意。此言君子"进德修业"的原则，意在强调君子出言措辞可以讲究文采，但内容务须真实，不能有虚伪不诚信的成分。

须教自我胸中出，切忌随人脚后行。

【注释】出自宋·戴复古《论诗十绝》之四。

【译文/点评】此言文学创作要有锐意创新的意识，不可一味规拟、模仿他人而无自己的个性与风格。

悬日月于胸怀，挫风云于毫翰。

【注释】出自唐·卢照邻《南阳公集序》。毫翰，指笔。

【译文/点评】此言作家应该心怀大志、胸襟阔大，文章要有豪气与宏大的气象。

学尽百禽语，终无自己声。

【注释】出自宋·张舜民《百舌》。

【译文/点评】此言意在强调文学创作要锐意创新，要有自己的风格与个性，切不可一味模仿他人。

学书当自成一家之体。

【注释】出自宋·欧阳修《学书自成家说》。书，书法。

【译文/点评】此言学习书法要在学习他人精髓的基础上有所创新，最终自成一家之体。也就是说，学习书法既要有所继承，又要勇于创新。

学书在法，而其妙在人。

【注释】出自宋·晁补之《鸡肋集》。法，方法。

【译文/点评】此言学习书法要遵循一定的方法，但是又不能被前人的方法框死；要有一定的灵活性或创新性，否则便被前人的方法框死，跟在前人后面亦步亦趋，肯定不能超过前人。

学文之端，急于明理。

【注释】出自宋·张耒《答李推官书》。端，开始。

【译文/点评】学习写文章的初始阶段，应当以明理为急务。此言乃在强调文章的作用首先是为了讲明道理，而不在于文采之类。此与唐人"文以载道"、"文以明道"的思想是相通的。

寻章摘句老雕虫，晓月当帘挂玉弓。

【注释】出自唐·李贺《南园十三首》之六。寻章摘句，指诗歌创作中为查找典故而翻阅古代文献。雕虫，指文学创作。汉人扬雄《法言》将作赋称为"童子雕虫篆刻，壮夫不为也"，意即作赋是小孩子干的小玩意，有作为的大丈夫是不屑于做的。

【译文/点评】此言乃在强调作诗要查阅文献、深夜构思的辛苦。意谓文学创作是一种艰苦的精神劳动，不是一件轻松之事。

雅有所谓，不虚为文。

【注释】出自唐·元稹《和李校书新题乐府二十首并序》。雅，甚、很。有所谓，指言之有物，文章有充实的内容。

【译文/点评】此言虽是赞扬李绅乐府诗言之有物、不无病呻吟的文风，但也由此强调了一个文学创作的基本原则，这便是不能写无病呻吟、言之无物的文章，更不能"为赋新词强说愁"。

言以足志，文以足言。

【注释】出自先秦《左传·襄公二十五年》。足，表达。志，心志、思想。文，指文采、修辞。

【译文/点评】言辞是用以表达思想感情的，文采藻饰是用以修饰言辞的。此言"言"与"文"的区别及作用。

言者志之苗，行者文之根。

【注释】出自唐·白居易《读张籍古乐府》。言者，此代指文章、作品。志，思想或感情。行者，此指道德品行。

【译文/点评】作品就像是思想表露的苗，作者的人品则像是作品的根基。此以比喻修辞手法，说明了文学作品是作者思想或感情表露的载体，作者的道德人品则对作品的好坏有着制约作用。

言之无文，行而不远。

【注释】出自先秦《左传·襄公二十五年》引孔子语。

【译文/点评】言语表达没有文采，就不能流传广远。此言说话作文应该讲究修辞，讲究表达方式。

眼中风物参差是，只欠江州司马诗。

【注释】出自宋·王洋《琵琶洲》。参差是，差不多相似。江州司马诗，指唐代诗人白居易所作的《琵琶行》（白居易曾在被贬往江州为司马时在江上见琵琶女而作此诗）。

【译文/点评】此言眼前的风景与白居易当年作《琵琶行》之诗时差不多，可惜自己没有白居易那样的诗才。

阳春无和者，巴人皆下节。

【注释】出自晋·张协《杂诗》。和（hè），跟着唱、唱和。阳春，即《阳春白雪》，古代高雅的歌曲，此指代高雅的曲子。巴人，即《下里巴人》，古代通俗的歌曲，此指代通俗的曲子。下节，指品位低下者，代指普通人。

【译文/点评】高雅的曲子很少有唱和者，应和通俗曲子的则都是普通人。此以"曲高和寡"、"知音难遇"为喻，抒发诗人"有才无人赏"、"才高难为用"的痛苦之情。

阳春召我以烟景，大块假我以文章。

【注释】出自唐·李白《春夜宴诸从弟桃李园序》。烟景，指如烟的春日景色。大块，指大地。

【译文/点评】此言作家的创作灵感来源于自然风物与大地。

夜来一笑寒灯下，始是金丹换骨时。

【注释】出自宋·陆游《夜吟》。

【译文/点评】此写寒夜苦吟，得一佳句就像吃了金丹，有脱胎换骨的喜悦，表现的是文人夜吟的美妙境界。

一字之褒，宠逾华衮之赠；片言之贬，辱过市朝之挞。

【注释】出自晋·范宁《春秋穀梁传集解序》。一字之褒、片言之贬，此用孔子作《春秋》常以一字见褒贬的典故。宠，指荣宠。衮（gǔn），古代帝王或三公（最高的官）所穿的礼服。华衮，指华丽的礼服。市，交易的场所。朝，官府的大堂。市朝，代指大庭广众之地。挞，用鞭子或棍子打。

【译文/点评】用一个字予以褒扬，胜过帝王颁赠的华贵的礼服；半句话的贬斥，比被鞭挞于大庭广众之下所受的侮辱还要厉害。此言史家修史一字见褒贬的文字功力，虽是夸张之辞，但史书中的文字褒贬确实具有非同寻常的作用。

义贵圆通，辞忌枝碎。

【注释】出自南朝梁·刘勰《文心雕龙·论说》。义，此指道理。

【译文/点评】道理要讲得圆满、通顺，语言要清楚明白、干净利落。此言论说文写作的原则。

义虽深，理虽当，词不工者不成文，宜不能传也。

【注释】出自唐·李翱《答朱载言书》。宜，应该。

【译文/点评】意义虽然很深，道理虽然精当，但是如果表达得没有文采、不生动，就难成好文章，不能流传久远也就

自然的了。此言意在强调文章应该讲究修辞、文采，与孔夫子名言"言之不文，行而不远"同义。

意贵透彻，不可隔靴搔痒。

【注释】出自宋·严羽《沧浪诗话》。隔靴搔痒，比喻说话、做事不到位，没抓住要害。

【译文/点评】此以隔靴搔痒为喻，形象生动地阐明了写文章当以达意传情的清晰、透彻为目标的道理。

意好句亦好。

【注释】出自宋·欧阳修《吊僧诗》。意，此指思想、感情等内容方面。句，指章句，即修辞技巧方面。

【译文/点评】此言思想内容与表达形式之间的关系，强调以内容为主。

意匠如神变化生，笔端有力任纵横。须教自我胸中出，切忌随人脚后行。

【注释】出自宋·戴复古《论诗十绝》。意匠，指构思。

【译文/点评】此言文笔是随变化无端的构思而变化的，写诗要自出机杼，切莫模仿他人。

意愈胜者，辞愈朴而文愈妙；意不胜者，辞愈华而文愈鄙。

【注释】出自唐·杜牧《答庄充书》。意，指思想内容。愈，越。胜，好、高妙。朴，质朴而不讲辞采。华，辞藻华丽。鄙，低劣、低俗。

【译文/点评】文章的立意越高，而语言越质朴，文章就显得越高妙；文章立意不高，那么越讲究华丽的辞采，文章就显得越低俗。此言内容与形式之间的关系，强调写文章要"以意为主"，反对在修辞文采上过分下功夫。

喑呜则山岳崩颓，叱咤则风云变色。

【注释】出自唐·骆宾王《代李敬业讨武氏檄》。喑（yīn）呜，此指怒吼之声。叱咤（chì zhà），怒喝。

【译文/点评】此写讨伐武则天的李敬业军队之声威。说李敬业军队怒吼、怒喝能使"山岳崩颓"、"风云变色"，这不是写实，而是修辞上的夸张手法，其意是为了凸显李敬业军队的声势。

吟安一个字，捻断数茎须。

【注释】出自唐·卢延让《苦吟》。

【译文/点评】此言作诗时捻须苦吟、字斟句酌的辛苦之状。

吟咏之间，吐纳珠玉之声；眉睫之前，卷舒风云之色。

【注释】出自南朝梁·刘勰《文心雕龙·神思》。吐纳，偏义复词，此只指吐，发出。

【译文/点评】在吟咏之间，发出了像珠玉一样脆亮的声音；在凝神观照之中，眼前好像呈现出风云变幻的气象。此言诗赋作者构思想象的神奇情形。

有第一等襟抱，第一等学识，斯有第一等真诗。

【注释】出自清·沈德潜《说诗晬语》上六。襟抱，胸怀。斯，这。斯有，这才有。

【译文/点评】此言要创作出第一流的好诗，不仅需要文学才华，还要有阔大的胸襟与第一流的学问。意谓仅有才华还不足以成为第一流的诗人。

余平生所作文章多在三上，乃马上、枕上、厕上也。

【注释】出自宋·欧阳修《归田录》卷二。余，我。乃，是。

【译文/点评】这是欧阳修讲做文章的经验之谈，从中我们可以看出他善于利用时间、勤于思考的刻苦精神，同时也让我们从中体悟到这样一个道理：人处在安静的状态之下最易集中注意力，构思文章、思考问题都会有很好的效果。

与世沉浮，不自树立，虽不为当时所怪，亦必无后世之传也。

【注释】出自唐·韩愈《答刘正夫书》。怪，指批评。亦，也。也，句末语气助词。

【译文/点评】随波逐流，没有自己的创见，虽然在当时不会因为与众不同而引起别人的批评，但是作品在后世也不会有流传的可能。此言文学创作勇于创新才能流芳百世。

语贵洒脱，不可拖泥带水。

【注释】出自宋·严羽《沧浪诗话》。

【译文/点评】此言写文章文字要干净利落、简洁明了。

预支五百年新意，到了千年又觉陈。

【注释】出自清·赵翼《论诗五绝》之一。陈，旧。

【译文/点评】此言乃在批评文学创作中那种"为创新而创新"的不良风气，意在阐发这样一个道理：文学创作确实需要创新，但若仅停留在表面的文字修辞上而不注重思想内容的更新，那是毫无益处的，仍然是经不住时间的考验，终究是要被历史淘汰的。

愈穷则愈工。

【注释】出自宋·欧阳修《梅圣俞诗集序》。愈，越。穷，此指境遇不佳。则，那么、就。工，精巧。

【译文/点评】此言在文学创作中，作家的境遇越是不佳，他对生活和世界的理解与认识反而会越深刻，因此作品也就愈趋成熟。今天我们说"苦难出诗人"，说的正是这个道理。

只将五字句，用破一生心。

【注释】出自唐·李频散句。五字句，指五言诗的一个句子，此代指作诗。

【译文/点评】此写诗人锤炼诗句的辛苦情状。

志足而言文，情信而辞巧。

【注释】出自南朝梁·刘勰《文心雕龙·征圣》。志，心志、思想。文，指有文采。

【译文/点评】思想的表达要充分，言辞要讲究文采；情感的表达要真实，文字要精美。此言写文章要内容与形式兼顾。

质以文美，实由华兴。

【注释】出自南朝宋·范晔《后汉书·张衡传》。质，指文章的思想内容。以，因为。文，文采。实，果实。华，花。

【译文/点评】此以树木开花才能结果为喻，说明文章思想内容的表达需要有文采。也就是说，思想感情的表达需要借助于恰切的语言文字，即要讲究修辞技巧。

踵其事而增华，变其本而加厉。

【注释】出自南朝梁·萧统《文选序》。踵（zhǒng），脚后跟，引申为跟随、继承。华，光彩。本，树根，引申为基础。厉，剧烈。

【译文/点评】在原有的基础上予以发扬光大，改变其原来的格局而发展到一个新的高度。此以事物发展的规律为类比，说明文学创作要在继承前代经验的基础上有所创新的道理，强调推陈出新、永续发展的重要性。后二句"物既有之，文亦宜然"，清楚地点明了这个意旨。

著书不为丹铅误，中有风雷老将心。

【注释】出自清·龚自珍《己亥杂诗》。丹铅，指丹砂与铅粉，古代用以校改书籍文字之用。此代指文字。

【译文/点评】此言写作不要专注于文字技巧，而应该将自己奋发豪迈的英雄气概表现出来。

转轴拨弦三两声，未成曲调先有情。

【注释】出自唐·白居易《琵琶行》。

【译文/点评】此写琵琶女弹琴时非常投入、感情深切的

情状。

状难写之景如在目前，含不尽之意见于言外。

【注释】出自宋·欧阳修《六一诗话》引梅圣俞语。状，描摹。目前，眼前。

【译文/点评】此言文学创作中写景、述意的两种境界，前者要求的是逼真，后者要求的是婉转。

缀文者情动而辞发，观文者披文以入情。

【注释】出自南朝梁·刘勰《文心雕龙·知音》。缀文，写文章。观文，阅读文章。披文，分析、理解文章。

【译文/点评】写文章的人是事物触动心灵而将感情表达出来，读文章的人是分析文章而了解作者的思想感情。此言文学创作与阅读的规律和原则。

字字看来皆是血，十年辛苦不寻常。

【注释】出自清·曹雪芹《题〈红楼梦〉诗》。

【译文/点评】此乃曹雪芹自述文学创作的辛苦之状。"字字皆是血"、"十年辛苦"，都是夸张修辞手法，虽然并非完全真实，却能给人以深刻的印象，让后人理解《红楼梦》创作的不易。

自从建安来，绮丽不足珍。

【注释】出自唐·李白《古风》。建安，汉献帝时代的年号，从196年至219年。绮丽，指华丽雕饰的诗歌风格。

【译文/点评】此言诗歌风格随时代而有不同变化，一个

时代有一个时代的文学时尚。

自古皆死，不朽者文。

【注释】出自唐·宋之问《祭杨盈川文》。

【译文/点评】自古以来人皆有一死，只有文章才是不朽的。此是夸言文章的意义，乃是文人自慰的话，不可当真。不过，若真的是好文章，倒也确能做到千古不朽。

综学在博，取事贵约，校练务精，捃理须核。

【注释】出自南朝梁·刘勰《文心雕龙·事类》。捃（jùn），摘取、收集。

【译文/点评】综述前人的学说在于广博，选择历史典故贵在精约，考校提炼前代故实务求精当，采摘前人理论必须核实。此言写作中引事引言的原则。

纵横正有凌云笔，俯仰随人亦可怜。

【注释】出自金·元好问《论诗三十首》之二十一。

【译文/点评】此言诗歌创作要有自己的个性，要有信笔纵横、自成一家的风格，而不应亦步亦趋地模仿前人或他人。

评论鉴赏

矮人看戏何曾见，都是随人说短长。

【注释】出自清·赵翼《论诗五绝》之一。

【译文/点评】此以矮人看戏为喻，批评那些没有独到眼光与识见者人云亦云地乱评诗文的作风。意在强调文学评论要有真知灼见，切不可拾人牙慧、人云亦云。

白玉不雕，美珠不文，质有余也。

【注释】出自汉·刘安《淮南子·说林训》。文，文饰、装饰。质，质地。也，句末语气助词，帮助判断。

【译文/点评】白玉不必雕凿，美珠不必装饰，这是因为它们本身就是很好的东西。此言"文"与"质"的关系，强调"质"是主要的，"文"是次要的。引申运用到写文章方面，意谓文章的思想内容是主要的，言辞文采是次要的。

褒见一字，贵逾轩冕；贬在片言，诛深斧钺。

【注释】出自南朝梁·刘勰《文心雕龙·史传》。逾，超过。轩冕，古代大夫所乘的高车与所服用的服饰，是做官地位的象征。诛，杀。斧钺，古代的刑具。

【译文/点评】在史书上被褒扬一个字，比做大官还要荣耀；被贬斥片言，比受斧钺之刑还难受。此言史书的褒贬对一

个人在历史上的定位与荣辱是关系很大的，意在强调史书品评人物应当谨慎，褒贬要客观公正。

辩而不华，质而不野。

【注释】出自汉·班彪《史记论》。辩，言辞动听、有口才。华，华丽、有文采。质，质朴。野，粗俗、缺乏文采。

【译文/点评】言辞高妙而不过于华丽，文字质朴但不乏文采。此言《史记》的写作境界。

别有幽愁暗恨生，此时无声胜有声。

【注释】出自唐·白居易《琵琶行》。

【译文/点评】此写琵琶女弹奏的琵琶声起伏跌宕、内涵丰富、真切感人的情态。后句常被引申运用，形容在沉默中蕴含着无穷的力量。

薄富贵而厚于书，轻死生而重于画。

【注释】出自宋·苏轼《宝绘堂记》。薄，轻视。厚，重视。

【译文/点评】不屑于富贵而醉心于书，看轻生死而看重于画。此乃称颂宝绘堂主疏于世俗之物、追求高雅情趣之辞。

不以文害辞，不以辞害志。

【注释】出自先秦《孟子·万章上》。以，因为。文，指文字。害，损害、误解。辞，指词句。志，思想、作品主旨。

【译文/点评】不能因为文字而误解了诗的词句，也不能因为某些词句而影响了对诗的主旨原意的正确理解。意谓对文

学作品的理解与评论不可拘泥于作品表面的文字，而应善于透过文字看出作者的真意与作品真正想传达的主旨。此乃孟子对如何评论鉴赏《诗经》而发的议论，也是后世文学评论者奉为圭臬的文学批评原则。

不著一字，尽得风流。

【注释】出自唐·司空图《二十四诗品·含蓄》。

【译文/点评】此乃作者所推崇的诗歌"含蓄"风格的最高境界：表面无一字，句中含其意。深刻的意蕴不写在字面，而是尽包孕于作品的字里行间，这不仅是中国传统古典诗歌推崇的最高境界，也是中国整个传统文学所推崇的最高境界。这一文学观念之所以深得自古及今许多中国文人的认同，实际上也是与中国人崇尚蕴藉含蓄的民族心理有关，更与儒家"中庸"的哲学理念有关。

才有深浅，无有古今；文有真伪，无有故新。

【注释】出自汉·王充《论衡·案书》。无有，没有。故新，新旧。

【译文/点评】才华有深浅，但没有古今之别；文章有真伪，但无新旧之分。此言意在强调说明评价文章在客观公允，不可以古今、新旧为判断的标准。

仓颉为书，而天雨粟，鬼夜哭。

【注释】出自汉·刘安《淮南子·本经训》。仓颉（jié），相传为黄帝的史官，文字的创造者。书，文字。雨粟，天下粟。

【译文/点评】仓颉创造出文字，上天为之降粟，鬼神夜哭。此言意在强调文字创造的重要意义：文字创造出来后会说破天机，鬼神也为之发愁。

嘈嘈切切错杂弹，大珠小珠落玉盘。

【注释】出自唐·白居易《琵琶行》。

【译文/点评】前句运用摹声修辞手法，以"嘈嘈"、"切切"两个摹声词描写琵琶弹奏中两种不同旋律交错的声音形象。后句以比喻修辞手法，写出了琵琶之声的清脆悦耳的听觉形象，同时"珠"与"玉盘"还有一种特殊的视觉形象。由此，便让读者由听觉形象及于视觉形象，展开丰富的联想，从而体味到"京城琵琶女"琴声独特的韵味。

唱到竹枝声咽处，寒猿暗鸟一时啼。

【注释】出自唐·白居易《竹枝词》。竹枝，即《竹枝词》，是古代巴、渝一带（即今重庆）民歌的一种，多是歌咏当地风物与男女爱情的内容。

【译文/点评】此写《竹枝词》唱到最悲伤处的感人效果。

唱得红梅字字香，柳枝桃叶尽深藏。

【注释】出自宋·晏几道《浣溪沙》。红梅，指乐曲名，汉横吹曲有《梅花落》，叙离别之情。柳枝，指乐名曲，古横吹曲有《折杨柳》，叙离别之情。桃叶，指《桃叶歌》，晋人王献之有爱妾桃叶，二人相别时，王献之作《桃叶歌》相送，也是表达离别之情。

【译文/点评】此句表面写歌女唱曲声情并茂的特殊效果，

实则表达离别情人的忧伤与不舍之情。但这层情感并不直接表达，而是通过"红梅"、"柳枝"、"桃叶"等特定的形象及其所蕴含的特定含义婉转地传达出来，使人思之味之，兴趣无穷。

池塘春草谢家春，万古千秋五字新。

【注释】出自金·元好问《论诗三十首》之二十九。

【译文/点评】南朝宋著名诗人谢灵运《登池上楼》有名句曰："池塘生春草，园柳变鸣禽"，历来为人所传诵。此二句乃是评赞谢灵运诗作的，意在赞赏其诗句自然清新的风格与平淡之中见隽永的艺术境界。

出新意于法度之中，寄妙理于豪放之外。

【注释】出自宋·苏轼《书吴道子画后》。法度，规则。

【译文/点评】此言乃是赞扬唐代画家吴道子的画既能在遵守一定规则的同时翻出新意，又能在豪放不拘之中寄托无限的妙趣。

词源倒流三峡水，笔阵独扫千人军。

【注释】出自唐·杜甫《醉歌行》。

【译文/点评】此以夸张修辞手法写一个人文思敏捷、文笔盖世的绝代才华。

此曲只应天上有，人间能得几回闻。

【注释】出自唐·杜甫《赠花卿》。

【译文/点评】此句表面是说花卿家所奏乐曲非常美妙动

听，实际是批评他僭用天子之乐的不当。

大弦嘈嘈如急雨，小弦切切如私语。

【注释】出自唐·白居易《琵琶行》。

【译文/点评】此二句之妙在于"摹声"与"比喻"并用，生动形象地再现了琵琶大小弦不同的声音特征与旋律。前句先以摹声词"嘈嘈"模拟琵琶大弦之声，再与"急雨"之声相比。后句先以"切切"摹琵琶小弦之声，再与人的"私语"之声相比。"嘈嘈"、"切切"两个摹声词的运用，增加了听觉美感；而"急雨"、"私语"的比喻，则既有听觉形象，又有视觉形象，由此大大扩张了诗句的审美价值。

丹青初炳而后渝，文章岁久而弥光。

【注释】出自南朝梁·刘勰《文心雕龙·指瑕》。丹青，指画。炳，指色彩鲜艳。渝，改变。弥，更。光，光彩。

【译文/点评】绘画开始色彩鲜艳，后来慢慢就褪色而变得黯淡；文章则不同，时间越久则越发耐人寻味。此言绘画与文章随着时间的变化所呈现的不同效应。

丹青难写是精神。

【注释】出自宋·王安石《读史》。丹青，指绘画。中国古代绘画的原料是丹与青，故以丹青代指绘画。写，描绘。

【译文/点评】此言绘画最难的是画出人物的精气神，而不是外形。也就是说，绘画求形似不难，而求神似则很难，意谓"神似"是绘画的最高境界。

点画皆有筋骨，字体自然雄媚。

【注释】出自唐·颜真卿《述张长史笔法十二意》。

【译文/点评】一点一画都像人有筋骨一样，那么字体自然有雄奇、妩媚的效果。此言点画用笔与字体效果之间的关系。

杜诗韩笔愁来读，似倩麻姑痒处抓。

【注释】出自唐·杜牧《读韩杜集》。杜诗，指杜甫的诗。韩笔，指韩愈的散文。倩（qìng），请人做事。麻姑，传说中的仙女，手指像鸟爪。

【译文/点评】此以比喻修辞手法，形象地说明了忧愁之时读杜诗韩文特有的畅快之感，意在赞扬杜诗韩文特有的艺术魅力。

尔曹身与名俱灭，不废江河万古流。

【注释】出自唐·杜甫《戏为六绝句》之二。尔曹，你们，指当年讥笑"初唐四杰"（王勃、杨炯、卢照邻、骆宾王）为文未摆脱六朝雕琢华丽文风习气的那些人。

【译文/点评】此言王、杨、卢、骆"初唐四杰"的文体虽然当初被一些人嘲笑，但嘲笑他们的人身名俱灭，无人记得他们了。可是，王、杨、卢、骆的文章永远长在，就如万古长流的江河一样。后人引用此语，意在说明有价值的东西是经得起历史考验的。

风入寒松声自古，水归沧海意皆深。

【注释】出自唐·刘威《欧阳示新诗因贻四韵》。

53

【译文/点评】此言欧阳的诗像寒风吹松一样声音古朴苍劲，又像是水流归海一样意蕴博大深刻。意在强调诗歌创作既要有古朴苍劲的风格，又应体现博大深刻的意蕴。

感心动耳，荡气回肠。
【注释】出自三国魏·曹丕《大墙上蒿行》。
【译文/点评】此写音乐的感人力量。

歌罢海动色，诗成天改容。
【注释】出自宋·陆游《航海》。
【译文/点评】此以夸张修辞手法写歌声美妙无比的效果与诗作感天动地的力量。

隔靴搔痒赞何益，入木三分骂亦精。
【注释】出自清·郑燮自题联语。
【译文/点评】此言文学艺术的评论，关键要一针见血地道出其优劣所在。即使是入骨三分的批评，只要是客观的、实事求是的，也比隔靴搔痒的溢美之词对作者的助益更大。

关雎乐而不淫，哀而不伤。
【注释】出自先秦《论语·八佾》。关雎，《诗经》中的首篇，写男女之情。淫，过分、无节制。伤，悲伤、哀伤。
【译文/点评】《关雎》这首诗写男女之情欢乐而不放荡，表达男求女而不得之情，有哀婉色彩但无悲伤情调。这是孔子对《诗经》首篇风格的评价，从中可以看出他推崇"中庸之道"的美学思想。

国史之美者，以叙事为工；而叙事之工者，以简要为主。

【注释】出自唐·刘知几《史通·叙事》。国史，指一国或一朝之历史。工，指精妙、最好。

【译文/点评】一部写得好的史书，就看它的叙事是不是达到最高水平；而叙事之笔是否达到最高水平，就看它是否做到了简洁。此言史书的叙事要以"简洁"为原则，并以"简洁"作为衡量其叙事水平的最高原则。这个观点是对的，因为一部史书要包容的历史事件与历史人物非常多，如果不能以最简洁的文字包容最丰富的内容，那么也就不是史书了。

寒山吹笛唤春归，迁客相看泪满衣。洞庭一夜无穷雁，不待天明尽北飞。

【注释】出自唐·李益《春夜闻笛》。迁客，贬谪之人，此指诗人李益，此时正被贬至江淮。

【译文/点评】此言春夜闻笛而引发的思乡之情。除了抒发诗人的思乡之情外，诗句还表达了另外一个意思，这就是夸吹笛人笛声的哀怨动人。因为它不仅使身在军中的迁客闻之顿生思乡之情，而且使南飞的北雁听了也起思乡之情，连夜飞回北方。

好风碎竹声如雪，昭华三弄临风咽。

【注释】出自宋·范成大《醉落魄》。昭华，此指乐器笙。

【译文/点评】此写笙乐器演奏的美妙效果：其声如风吹竹叶沙沙有声，其凄凉的情调则如飘飞的白雪与人泣不成声的哽咽。这是以比喻修辞手法，化抽象为具象，让人由此及彼产生无穷的联想，从而领略到笙声的美妙之处。

黄鹤楼中吹玉笛，江城五月落梅花。

【注释】出自唐·李白《与史郎中钦听黄鹤楼上吹笛》。黄鹤楼，在今武汉蛇山，相传有仙人骑鹤而过，故名黄鹤楼。江城，即江夏，今之湖北武汉。落梅花，即《梅花落》，笛曲名。

【译文/点评】悠扬动人的笛曲《梅花落》从楼上随风而下，就像在五月的江夏洒下纷飞的梅花。此乃以比喻修辞手法描写笛曲优美动人的效果。

江山代有才人出，各领风骚数百年。

【注释】出自清·赵翼《论诗五绝》之一。才人，指有才华的诗人。

【译文/点评】此言任何有名的诗人都不可能永远独领文坛风骚，意在表达这样一个道理：一个时代有一个时代的文学，一个时代有一个时代的文学代表人物。

江水澄澄江月明，江上何人搊玉筝。隔江和泪听，满江长叹声。

【注释】出自元·张可久《越调·凭阑人·江夜》。搊（chōu），弹奏。

【译文/点评】此写筝声的美妙感人，但不直写，而是通过听者的反映来反衬其美妙无比。"江水澄澄"与"江月明"的环境描写，则从背景上对乐声的高妙作了烘托。

锦城丝管日纷纷，半入江风半入云。

【注释】出自唐·杜甫《赠花卿》。锦城，今四川成都。

丝管，指弦乐器与管乐器。纷纷，此指乐声热闹的样子。

【译文/点评】此写花卿（花敬定，成都尹崔光远部将）家弦歌不绝、声入云水的情形，表面是赞扬其乐声的优美，实则是委婉地批评花卿僭用天子音乐之举的不当。"半入江风半入云"，是运用夸张修辞手法，强调音乐之声的清越优美。

尽美矣，又尽善也。

【注释】出自先秦《论语·八佾》。尽，达到顶点。美，指《韶》乐声音的美妙。善，指《韶》乐内容上的纯正高尚。矣，也，皆为句末语气助词，约略相当于"了"。

【译文/点评】《韶》乐之声音可谓美妙了，《韶》乐之内容可谓好极了。这是孔子观赏《韶》乐（歌颂上古尧舜之德的乐曲）之后的评论。从中可以看出孔子内容与形式并重的美学思想。由此，"尽善尽美"不仅成为中国传统的审美原则，而且还给汉语词汇库增添了一个新成语。

看是寻常最奇崛，成如容易却艰辛。

【注释】出自宋·王安石《题张司业诗》。奇崛，指风格劲拔、奇异。

【译文/点评】此言表面虽只是评说张司业之诗的风格特点，实则道出一个文学创作的道理：平常之中见奇崛最是不易。

慷慨歌谣绝不传，穹庐一曲本天然。

【注释】出自金·元好问《论诗三十首》其七。绝不传，绝迹不流传。穹庐一曲，指北朝民歌《敕勒歌》："敕勒川，

阴山下。天似穹庐，笼盖四野。天苍苍，野茫茫，风吹草低见牛羊。"

【译文/点评】慷慨豪迈的歌谣已经绝迹不传了，现在只有一曲《敕勒歌》能够流传至今，那是因为它的创作出于"天然本色"。此乃诗人赞颂《敕勒歌》之句，从中也表明了诗人对于诗歌创作的美学观：自然天成，不事雕琢，才是第一流作品。

孔子成《春秋》，而乱臣贼子惧。

【注释】出自先秦《孟子·滕文公下》。

【译文/点评】孔子作史书《春秋》，一字褒贬足以让破坏周公礼法的诸侯感到害怕。这是孟子夸说孔子史笔的巨大力量。

昆山玉碎凤凰叫，芙蓉泣露香兰笑。

【注释】出自唐·李贺《李凭箜篌引》。昆山，指昆仑山。芙蓉，荷花。

【译文/点评】此以比喻修辞手法，用"昆山玉碎"、"凤凰叫"、"芙蓉泣露"、"香兰笑"等四个喻体从不同方面描写李凭弹奏箜篌的独特效果，让人由此及彼，引发出无限的联想与想象，从而加深对李凭所弹奏的箜篌的美妙之处的认识。

来如雷霆收震怒，罢如江海凝青光。

【注释】出自唐·杜甫《观公孙大娘弟子舞剑器行》。

【译文/点评】此以比喻修辞手法写公孙大娘弟子舞剑收放神速、有力的情状。

李白一杯人影月，郑虔三绝画诗书。

【注释】出自金·赵秉文《寄王学士子端》。

【译文/点评】前句用李白诗典。李白有《月下独酌》诗曰："花间一壶酒，独酌无相亲。举杯邀明月，对影成三人。"后句用唐代郑虔典。郑虔的诗书画在唐代都极有成就，被唐玄宗推为"三绝"。此二句表面是赞颂李白与郑虔的成就，实是借推崇李白与郑虔而赞扬金代学士王庭筠（即王子端）在诗书画三个方面的独到成就。

李杜文章在，光焰万丈长。

【注释】出自唐·韩愈《调张籍》。李杜，分别指唐代的李白、杜甫。

【译文/点评】此言李白、杜甫的作品将千古流传，魅力永在。后句是比喻与夸张，意在强调李杜文章的魅力不同一般。

撩乱客心眠不得，秋庭一夜月中行。

【注释】出自唐·李淮《听弹沈湘怨》。秋庭，秋夜的庭院。月中行，指月下行。

【译文/点评】此言音乐弹奏得太感人，以致诗人为之一夜难眠，而在秋夜月下的庭院里徘徊沉吟不已。

论山水，则循声而得貌；言节候，则披文而见时。

【注释】出自南朝梁·刘勰《文心雕龙·辨骚》。则，那么、就。披文，阅览。

【译文/点评】写山水，读者根据其描绘的文字便能想见

山水的形貌；说节候，读者阅览其文章就能知道其所描写的季节。此乃赞扬屈原、宋玉之赋善于描写山水风物之辞。

墨池如江笔如帚，一扫万字不停肘。

【注释】出自宋·张孝祥《题蔡济所摹御府米帖》。

【译文/点评】此以比喻与夸张修辞手法描写蔡济临摹米芾字帖的气势。"墨池如江"、"笔如帚"，既是比喻，也是夸张，意在突出其临摹时用具的不同凡响；"一扫万字"是夸张，意在强调其写字速度的快。由此，让人对其临摹时的气势留下深刻印象。

女娲炼石补天处，石破天惊逗秋雨。

【注释】出自唐·李贺《李凭箜篌引》。女娲炼石补天，乃是中国远古神话，说的是共工怒触不周天，天倾西北，女娲遂炼五色石以补天之缺处。石破天惊，乃是"天破石惊"的倒文。逗，引出来。

【译文/点评】此二句是以用典与夸张的修辞手法，极言李凭箜篌之声极大的魅力，以致惊动了整个天界。但两句都没有直接、正面描写李凭箜篌声之美，只以结果代过程，虽然有些"隔靴搔痒"之憾，却给人对李凭弹箜篌的妙处与魅力的想象留足了空间。尤其是动词"逗"所具有的动感形象与名词"秋雨"视听觉兼具的形象，更是让人浮想联翩。

沛然从肺腑中流出，殊不见斧凿痕。

【注释】出自宋·胡仔《苕溪渔隐丛话》前卷引《冷斋夜话》。沛然，水奔流的样子。殊，很、非常。斧凿痕，人工雕

凿的痕迹，此指特别的文字加工修饰的痕迹。

【译文/点评】就像水一样从胸间奔流而出，完全看不出特意加工修饰的痕迹。此言文学作品写作不事雕凿、自然清新的风格境界。

蓬莱文章建安骨，中间小谢又清发。

【注释】出自唐·李白《宣州谢朓楼饯别校书叔云》。蓬莱，汉时将政府藏书的地方称为"道家蓬莱山"，此处的"蓬莱"是指唐代的秘书省。李白之叔李云在此任职，故此处代指李云。建安骨，即"建安风骨"，指东汉建安时代以曹氏父子及建安七子为代表的俊爽刚健的诗文风格。小谢，指南朝齐的诗人谢朓，此乃诗人李白自比。

【译文/点评】前句赞李云诗风有俊爽刚健的"建安风骨"，后句是说自己的诗可比谢朓之诗的清新秀发。此乃论诗之风格的名句，意在强调"刚健"与"清新"的风格各有其所长，都是值得肯定的风格特色。

片言可以明百意，坐驰可以役万里。

【注释】出自唐·刘禹锡《董氏武陵集纪》。明，说明、表达清楚。坐驰，指想象。役万里，指驱使万里之物，即想象能及于万里之外的人与事。

【译文/点评】此以夸张修辞手法称赞董氏妙笔生花、想象丰富。

其声呜呜然，如怨如慕，如泣如诉，余音袅袅，不绝如缕。

【注释】出自宋·苏轼《前赤壁赋》。其，此指洞箫。然，样子。

【译文/点评】此以比喻修辞手法写洞箫之声的美妙，形象生动，令人由此及彼而作丰富的联想。

气往铄古，辞来切今，惊采绝艳，难与并能矣。

【注释】出自南朝梁·刘勰《文心雕龙·辨骚》。气，此指才气。铄，车轮碾过，此指超过。切，切断。矣，句末语气助词。

【译文/点评】才气凌越前人，文辞超越今人，文采灿烂惊人，无人可与比肩。此为赞颂屈原、宋玉二人才华及其所作楚辞之语。

清风吹歌入空去，歌曲自绕行云飞。

【注释】出自唐·李白《忆旧游寄谯郡元参军》。

【译文/点评】此以夸张修辞手法写歌声响彻霄汉、余音绕云的效果。以歌曲"自绕行云飞"的视觉形象写歌曲的听觉形象，让人由此及彼，产生无限的联想，从而深刻地体味出歌曲清扬不凡的效果。

清商随风发，中曲正徘徊。一弹再三叹，慷慨有余哀。

【注释】出自汉·无名氏《西北有高楼》。清商，乐曲名，声调清越。中曲，曲子的中间部分。徘徊，指乐曲的旋律回环往复之妙。叹，指乐曲中的和声。慷慨，指不得志的心情。

【译文/点评】此写弹奏乐曲的高妙精绝，可以让人感知到弹奏者郁郁不得志的心情。

清新庾开府，俊逸鲍参军。

【注释】出自唐·杜甫《春日忆李白》。庾开府，指南朝北周文学家庾信，他曾官至开府仪同三司，故以开府指代他。鲍参军，指南朝宋文学家鲍照，他曾官任前军参军，故以参军指代他。

【译文/点评】此言李白的诗清新自然的风格就像庾信，飘逸豪放的风格类似于鲍照。这是对李白诗歌具有多种风格特点的赞颂之辞。

情知言语难传恨，不似琵琶道得真。

【注释】出自宋·陆游《鹧鸪天》。

【译文/点评】此言心中的幽恨言语无以表达，只有琵琶之声能够真切地传达出来。意在强调琵琶之声的哀怨动人。

屈平词赋悬日月，楚王台榭空山丘。

【注释】出自唐·李白《江上吟》。屈平，战国时代楚国诗人屈原。

【译文/点评】此言屈原的词赋至今传诵不朽，而楚王的游乐台则成了荒丘。此以屈原与楚王的身后名作对比，赞扬屈原的伟大，同时也暗含了文章重于权位之意，寄寓的是诗人自己无缘官场的无奈之情。

屈平岂要江山助，却是江山遇屈平。

【注释】出自宋·李觏《遣兴》。屈平，战国时代楚国诗人屈原。

【译文/点评】屈原的诗赋写得好而千古传诵，那不是楚国秀美江山的促成，而是楚国的江山借了屈原的名望而显得有灵气。此言文学与山水的关系，强调作家思想对山水景色欣赏的引领作用。

曲终人不见，江上数峰青。

【注释】出自唐·钱起《省试湘灵鼓瑟》。

【译文/点评】此写湘女鼓瑟的美妙之声，但不直写，而是以曲终人散后的江上景色予以反衬，让人由景而思人，展开丰富的联想，从而激发起无穷的审美情趣。

曲终收拨当心画，四弦一声如裂帛。

【注释】出自唐·白居易《琵琶行》。

【译文/点评】此写琵琶女弹奏收束时琴声戛然而止、让人回味无穷的魅力。

如闻其声，如见其容。

【注释】出自唐·韩愈《独孤申叔哀辞》。容，指容貌。

【译文/点评】此言独孤虽然已经作古，但他的音容笑貌仍在诗人心中长存，历历如在眼前。后代形容一个人文笔生动、善于写人状物，常用此言。

如食橄榄，真味久愈在。

【注释】出自宋·欧阳修《六一诗话》。

【译文/点评】此乃赞扬梅尧臣作品之辞。以食橄榄为喻，说明梅诗具有含蓄深沉、耐人寻味的艺术魅力。

入妙义章本平淡，等闲言语变瑰琦。

【注释】出自宋·戴复古《读放翁先生剑南诗草》。瑰琦，指宝贵的东西。

【译文/点评】此言是赞扬陆游的诗善于将平淡的事情艺术化、将平常的语言变得隽永有味。这里也指出了一个文学创作的基本原理：高妙的文章并不全因题材主旨的宏大崇高，也不在于用奇诡惊人的语言，而是要善于化平淡为神奇、化等闲为超常。

若教临水畔，字字恐成龙。

【注释】出自唐·韩偓《草书屏风》。

【译文/点评】此以夸张修辞手法，极力称赞唐代著名草书艺术家怀素的草书龙飞凤舞之妙。

三月不知肉味。

【注释】出自先秦《论语·述而》。

【译文/点评】三个月吃肉都吃不出香味来，这是《论语》记述孔子在齐国听了《韶》乐之后的反应。这当然是夸张，但由此可以看出孔子爱好音乐，也真正懂得欣赏高雅艺术，不是个俗人。后世引用此语，表示一个人对某事专注、着迷的程度。

身在江南图画里，令人却忆米元晖。

【注释】出自明·张以宁《题米元晖山水》。米元晖，即米友仁，南宋著名画家与书法家，北宋著名画家与书法家米芾的长子。

【译文/点评】此乃赞颂米友仁山水画逼真的境界。但是，诗人不直说，也不说米友仁的山水画就像江南山水一样逼真，而是逆向作比，说置身于江南，看着秀丽醉人的山水，就想起了米友仁的山水画。这是绕着弯子夸米友仁的山水画好，属于修辞上的折绕手法。

声振林木，响遏行云。

【注释】出自先秦《列子·汤问》。响，声音。遏，阻止。

【译文/点评】此以夸张修辞手法极言音乐高亢清亮、感物动人的效果。

诗不着题，如隔靴搔痒。

【注释】出自宋·阮阅《诗话总龟》。

【译文/点评】此言写诗要紧扣诗题展开，不可离题散漫，否则就像是隔靴搔痒，毫无表现力。

诗家气象贵雄浑。

【注释】出自宋·戴复古《论诗十绝》之三。气象，指气势与景象，此指诗的风格。

【译文/点评】此言诗歌应该具有雄浑刚健的风格。

诗家总爱西昆好，独恨无人作郑笺。

【注释】出自金·元好问《论诗三十首》之十二。西昆，此指李商隐的诗。郑笺，指汉代郑玄为《诗经》所做的注解。

【译文/点评】此言李商隐的诗虽然很好，可惜没有人像郑玄为《诗经》作注那样为他的诗作注解。意谓李商隐的诗风隐晦难懂，需要用心体味。

诗品出于人品。

【注释】出自清·刘熙载《艺概·诗概》。

【译文/点评】此言人品与诗品有着必然的关系。人品高尚，就能表现出高妙的诗境；人品低下，就写不出高格调的诗作。这话有些绝对，事实上历史上有很多作家人品并不好，甚至是大奸大滑，可是他的作品却写得非常好。可见，人品与诗品不成正比例关系。

诗三百，一言以蔽之，曰：思无邪。

【注释】出自先秦《论语·为政》。诗，指《诗经》。经孔子删定的《诗经》共305首，言"三百"，是概指。蔽，概括。曰，叫作。

【译文/点评】《诗经》三百篇，概括一句话，就是思想纯正无邪。这是孔子对《诗经》的高度评价之语，也是后世把《诗经》列为"十三经"之一的原因所在。

史有三长：才、学、识。

【注释】出自宋·欧阳修等《新唐书·刘知几传》。长，指优长、才能。

【译文/点评】写史书要具备三种才能：才华、学问、识见。此言做史家的必备条件。

守正之人其气高，含章之人其词大。

【注释】出自唐·王维《京兆尹张公德政碑》。气，指气节。含章，指品德美好。词，代指文章。

【译文/点评】坚守正义的人气节高尚，心地纯洁的人文章气象阔大。此言文章与人格的关系。

书贵瘦硬方通神。

【注释】出自唐·杜甫《李潮八分小篆歌》。

【译文/点评】此言书法以瘦、硬风格为最高境界。这是杜甫对于书体的认识，也反映了唐代人的书法审美观。

爽籁发而清风生，纤歌凝而白云遏。

【注释】出自唐·王勃《滕王阁序》。爽籁，指箫管之类的乐器。纤歌，指美妙的歌声。遏，遏制、停止。

【译文/点评】乐器奏响生清风，歌声响起白云停。此以夸张修辞手法写音乐与歌声的美妙情状。

说《诗》者不以文害辞，不以辞害志；以意逆志，是为得之。

【注释】出自先秦《孟子·万章上》。说，解说、理解。以，因为。文，文字。辞，言辞。害，影响、妨碍。志，思想。意，体会、理解。逆，推测、揣摸。是，这。之，它。

【译文/点评】解说《诗经》的人不能拘泥于一字之义而

影响对整个诗句的理解，也不能拘泥于词句而影响对作者本意的理解。根据自己的理解去揣摸作者的本意，这才能得到正确的理解。这是孟子关于如何理解《诗经》的观点，后代成为文学评论的经典之论。另外，成语"以文害辞"、"以辞害志"，也是由此而来。意思是让人们在理解鉴赏文学作品时不要仅仅拘泥于一词一句，要对作品作整体的观照把握。

颂其诗，读其书，不知其人，可乎？是以论其世也，是尚友也。

【注释】出自先秦《孟子·万章下》。颂，吟诵。其，他的。乎，吗。是以，所以。论，了解。世，时代。也，句末语气助词。是，这。尚，崇尚、尊重。

【译文/点评】吟诵他的诗，阅读他的书，但是不了解他的为人，行吗？所以要了解他所处的时代，这才是真正的尊重古人，与古人交友。这是孟子关于如何读书、评论的名言。文学评论上"知人论世"的著名观点，即源于此。

谈欢则字与笑并，论戚则声共泣偕。

【注释】出自南朝梁·刘勰《文心雕龙·夸饰》。则，那么。戚，悲伤。

【译文/点评】说到欢乐，那么文字上都能感知到其笑声；说到悲伤，那么声调里都能听出其哭音。此言词赋作者善写情感的文字技巧。

弹筝奋逸响，新声妙入神。

【注释】出自汉·无名氏《今日良宴会》。筝，乐器，类

69

于瑟。奋，发出、扬起。逸响，超越寻常的奔放的声音。新声，指当时流行的歌曲。

【译文/点评】此乃写以筝奏流行乐曲的美妙高绝。

天籁自鸣天趣足，好诗不过近人情。

【注释】出自清·张问陶《论诗十二绝句》。籁，从孔穴中发出的声音。天籁，指自然界的声音，如风声、水声等等。天趣，天然的趣味。

【译文/点评】此言天然的东西最好，合乎人情的诗句最佳。

天下之至文，未有不出于童心焉者也。

【注释】出自明·李贽《童心说》。至文，最好的文章。童心，指像儿童一样的纯洁的心，即真心。

【译文/点评】此言天下最好的文章都是出于有真情实感的人笔下的。其意乃在强调文学创作要有真情实感，不可"为赋新词强说愁"，写些矫情的文字。

为君更奏蜀国弦，一弹一声飞上天。

【注释】出自明·刘基《蜀国弦》。蜀国弦，乐府古题。

【译文/点评】此写所奏《蜀国弦》古乐府歌曲音调的激越。"飞上天"，是夸张，极言乐曲音调之清越，是夸乐曲的音色，也是夸奏乐者的琴艺水平。

为我一挥手，如听万壑松。

【注释】出自唐·李白《听蜀僧濬弹琴》。

【译文/点评】此以比喻与夸张修辞手法结合，写蜀僧弹琴非凡的音响效果。以"万壑松"比喻琴声的时起时伏，让人由此及彼联想不尽，琴声到底有多么美妙的效果，读者自可从中体味。

味摩诘之诗，诗中有画；观摩诘之画，画中有诗。

【注释】出自宋·苏轼《书摩诘蓝田烟雨图》。味，体味。摩诘，指王维，唐代诗人，字摩诘。

【译文/点评】此乃赞颂唐代诗人王维诗中有画境、画中有诗意的独到艺术境界。

温柔敦厚，诗教也。

【注释】出自汉·戴圣《礼记·经解》。敦厚，宽厚。诗，此指《诗经》。教，教化、主旨。也，句末语气助词。

【译文/点评】温柔敦厚是《诗经》所要传达的主旨。这是古人对于《诗经》的评价。

文约而事丰，此述作之尤美者也。

【注释】出自唐·刘知几《史通·叙事》。述作，此指历史叙事之作。者也，句末语气助词，帮助判断。

【译文/点评】以最简约的文字表达最丰富的内容，这是历史叙事的最高境界。此言历史叙事语言的原则。

文章自得方为贵，衣钵相传岂是真。

【注释】出自金·王若虚《论诗诗》。自得，此指自成一格、有创意。

【译文/点评】写文章要有自己独到的风格与创意，继承或模仿他人的都不是好文章。此言写文章要有创新精神，不可一味因循前人。

吴丝蜀桐张高秋，空山凝云颓不流。

【注释】出自唐·李贺《李凭箜篌引》。吴丝，古代吴地的丝最为有名，此指箜篌（一种乐器）的弦是以吴丝做成，代指最好的弦。蜀桐，蜀地的桐木最适宜做乐器，此指箜篌的身干是以蜀桐做成，代指最精美的琴身。张，弹奏。颓，颓然，此指堆积、停滞不动之貌。

【译文/点评】精美的箜篌在秋高气爽的时节弹奏起来，空山中的云彩也为之停滞不流动。此以夸张修辞手法极言李凭弹奏箜篌的独特效果，以视觉形象来写听觉形象，给人回味的空间更大。

嬉笑怒骂，皆成文章。

【注释】出自宋·黄庭坚《东坡先生真赞》。

【译文/点评】此言乃是赞扬苏轼文章有真情流露，所写文字都能深切感人。这一境界历来被视为文学创作的最高层次，不是每个人都能企及的。

下笔则烟飞云动，落纸则鸾回凤惊。

【注释】出自唐·卢照邻《释疾文·粤若》。

【译文/点评】此乃以夸张修辞手法写文采飞动的文章所显现的奇特效果，其意在强调写文章应该讲究修辞，讲究表达的艺术。

72

谢诗如芙蓉出水，颜诗如错彩镂金。

【注释】出自南朝梁·钟嵘《诗品》。谢、颜，分别指谢灵运和颜延之，二人皆为南朝宋的著名诗人。

【译文/点评】此言谢灵运的诗有清新自然的风格，颜延之的诗则具雍容华丽的特色。

焉得并州快剪刀，翦取吴松半江水。

【注释】出自唐·杜甫《戏题画山水图歌》。焉得，怎能得到。并州快剪刀，指并州刀，古代并州以产剪刀最为有名。翦（jiǎn），剪。吴松，即吴淞江，在今江苏与上海，流入太湖。

【译文/点评】此用晋人索靖观赏顾恺之画作的典故。索靖观赏顾画后，感慨系之，曰："恨不带并州快剪刀来，剪取松江半幅练纹归去。"意谓顾恺之的山水画逼真得不得了，令人看了会心生剪带回去的情感冲动。杜甫用此典故，意在赞扬所观画作的高妙。

言泉共秋水同流，词峰与夏云争长。

【注释】出自唐·王勃《饯宇文明府序》。

【译文/点评】妙语如泉水喷涌而出，与秋水同流；美词如青峰，与夏日之云争长。此乃以比喻与夸张修辞手法极力夸赞朋友言谈与文章的高妙，虽是拍马之言，却也写得高妙生动。此句在结构形式上的特点，让人情不自禁地想起诗人《滕王阁序》中的名句"落霞与孤鹜齐飞，秋水共长天一色"。

言语巧偷鹦鹉舌，文章分得凤凰毛。

【注释】出自唐·元稹《寄赠薛涛》。

【译文/点评】此乃以夸张修辞手法极力称赞薛涛说写艺术高妙之辞。

一唱万夫叹，再唱梁尘飞。

【注释】出自晋·陆机《拟东城一何高》。万夫，万人。梁尘，指歌声振动屋梁，梁上灰尘为之飞动。

【译文/点评】此以夸张修辞手法极言歌唱者歌喉不同凡响的魅力。

一川烟霭失东西，万里乾坤错昏晓。

【注释】出自宋·潘大临《吴熙老所藏风雨图》。川，平地。霭（ǎi），云气。失，使迷失。乾坤，天地。错，使错乱。昏晓，早晚。

【译文/点评】此写风雨迷蒙，云烟满川，东西迷失，晨昏不辨的风雨之景，意在赞颂画主所画风雨图的逼真。

一曲清歌一束绫，美人犹自意嫌轻。

【注释】出自宋·蒨桃《呈寇公》。绫，一种贵重的丝织品。犹自，还是。

【译文/点评】此写美人要价之高，意在赞颂美人清歌的动听。

一曲听初彻，几年愁暂开。

【注释】出自唐·刘得仁《听歌》。听初彻，听完。

【译文/点评】此以夸张修辞手法极言所听之歌的美妙，能有让人忘记多年忧愁的效果。

一语天成万古新，豪华落尽见真淳。

【注释】出自金·元好问《论诗三十首》其四。真淳，真实、纯朴。

【译文/点评】此乃赞颂陶渊明诗歌风格之语，认为陶渊明的诗皆是出于自然天成，没有人工斧凿的痕迹，没有那种"为赋新词强说愁"的矫揉造作感。因此，读陶渊明的诗有如喝陈年老酒之感，越久越香。这里既可以看出诗人对陶诗的推崇之意，也体现了诗人诗歌创作的思想：自然天成、质朴真醇，才是第一流的作品。

一字新声一颗珠，转喉疑是击珊瑚。

【注释】出自唐·薛能《赠歌者》。

【译文/点评】此以比喻修辞手法写歌唱者吐字圆润如珠、转喉清脆如击打珊瑚之声的美妙效果。

余霞散绮澄江练，满眼青山小谢诗。

【注释】出自清·王士祯《江上看晚霞》。余霞，指傍晚的残霞。绮，有花纹的丝织品。澄江，指清澈的江水。练，白色的熟绢。小谢，指南朝齐的谢朓。

【译文/点评】南朝齐的诗人谢朓《晚登三山还望京邑》诗中有"余霞散成绮，澄江静如练"的名句，写残霞如散丝、江水如白练的景象。此二句化用谢诗，并将"满眼青山"的眼前具体之景比作是抽象的谢朓之诗，造语新颖，让人浮想联

翩，意味无穷。

余音绕梁栅，三日不绝。

【注释】出自先秦《列子·汤问》。梁栅（lì），房屋的梁栋。

【译文/点评】此言音乐结束后的余音不绝的美感，"三日不绝"、"余音绕梁"都是夸张的说法，意在夸言音乐的美妙不凡。

庾信文章老更成，凌云健笔意纵横。

【注释】出自唐·杜甫《戏为六绝句》之一。庾（yǔ）信，北周著名文学家。文章，此指诗赋等文学作品。老更成，指晚期作品更成熟。凌云健笔，指豪放的风格。

【译文/点评】此言庾信晚年作品写作技巧更为成熟，表现风格渐趋豪放遒劲。

鸳鸯绣了从教看，莫把金针度与人。

【注释】出自金·元好问《论诗三首》其二。从教看，指随便看。金针，比喻诗歌创作的技巧、方法。度与人，传给人。

【译文/点评】此以绘画与绣花为喻，说明了这样一个诗歌创作的道理：写出的好诗是供人随意欣赏的，但是却难以将写作的技巧都传给他人（也有人说是不愿把技巧传给他人）。意谓文学创作是一种创造性劳动，并不是"技巧"可以概括的。

中州万古英雄气，也到阴山敕勒川。

【注释】出自金·元好问《论诗三十首》其七。中州，指中原，也即中国。阴山敕勒川，指北朝民歌《敕勒歌》："敕勒川，阴山下。天似穹庐，笼盖四野。天苍苍，野茫茫，风吹草低见牛羊。"

【译文/点评】此言中国自古以来也有许多充满英雄气概的豪迈激越风格的诗歌，但与这首游牧民族的《敕勒歌》相比，还是逊色了不少。这是诗人对《敕勒歌》慷慨激昂风格的推崇之语，同时也表明了诗人的诗歌创作的美学观：诗歌应该充满阳刚之气，有豪迈之风。

琢雕自是文章病，奇险尤伤气骨多。

【注释】出自宋·陆游《读近人诗》。琢雕，即讲究文字技巧。奇险，指文章追求奇特、险峻的表现风格。气骨，此指文章所要表达的思想内容。

【译文/点评】注重在文字技巧上下功夫，这是一种不良的创作倾向；追求奇险的风格，这对文章思想内容的表达非常有害。此言文学创作应该注重真情实感的表达，注重思想内容的健康。

自把玉钗敲砌竹，清歌一曲月如霜。

【注释】出自唐·高适《听张立本女吟》。砌，指台阶。砌竹，阶旁竹。

【译文/点评】此写女子月夜拔钗击竹、放喉清歌的情景。"月如霜"是比喻，既是突出月光皎洁明亮之貌，也是以此为背景而反衬女子清歌一曲的特殊效果。

索　引

（注：索引中/前的大写数字表示卷数，/后的小写数字表示该词条在该卷中的页数。如：十/1，"十"表示是十卷，1表示是第十卷中的第一页。其余类推。）

A

阿婆不嫁女/十/1·

哀哀父母/十/1

哀风中夜流/五/208

哀莫大于心死/五/190

哀吾生之须臾/十一/28

哀音何动人/八/92

哀哉两决绝/五/216

矮人看戏何曾见/十二/47

爱得分曰仁/六/1

爱而不见/五/1

爱而知其恶/九/1

爱故不二/一/187

爱好由来落笔难/十二/1

爱民而安/一/1

爱亲者不敢恶于人/二/62

爱人以除残为务/二/38

爱人者/二/39

爱人者必见爱也/九/1

爱人者人常爱之/九/1

爱上层楼/五/227

爱惜芳心莫轻吐/八/1

爱者，憎之始也/九/114

爱之欲其富/九/114

爱之欲其生/九/114

爱之则不觉其过/十/1

爱子，教之以义方/三/75

暖暖江村见/七/127

暖暖远人村/七/170

安得抱柱信/五/54

安得扁舟多载酒/十一/117

安得夫差水犀手/四/1

安得广厦千万间/一/298

安得猛士兮守四方/十一/102

安得如浮云/五/104

安得如鸟有羽翅/五/59

安得身轻如燕子/五/1

安得万里裘/一/298

安得倚天剑/十一/81

安得壮士挽天河/一/187

安而不忘危/一/1

安静则治/一/187

安乐则生/一/96

安民之本/一/160

安民之术/一/160

安能摧眉折腰事权贵/十一/1

安能以皓皓之白/十一/151

安能以身之察察/十一/151

安寝北堂上/七/83

安上治民/二/68

安时而处顺/四/191

安土重迁/一/298

安危不二其志/十一/1

安危存于自处/一/86

安危相易/四/55

安危在出令/三/1

安危在是非/一/1

岸草无色/七/120

岸花飞送客/五/110

岸花临水发/八/1

岸明残雪在/七/1

岸似双屏合/七/1

岸苇新花白/八/1

按图索骥者/六/1

暗尘随马去/七/83

暗飞萤自照/八/87

暗水流花径/七/83

暗香浮动月黄昏/八/49

暗牖悬蛛网/五/190

暗中时滴思亲泪/十/2

黯然销魂者/五/110

盎中无斗米储/五/190

敖不可长/九/2

遨游快心意/十一/131

傲杀人间万户侯/十一/28

傲物则骨肉为行路/九/26

懊恼人心不如石/十/4

B

八百里分麾下炙/一/187

八公山色还苍翠/四/1

八面玲珑得月多/五/264

八仙同过海/六/1

八佾舞于庭/五/264

八月湖水平/七/1

巴东三峡巫峡长/八/87

巴山楚水凄凉地/五/167

芭蕉不展丁香结/五/1

芭蕉分绿上窗纱/八/38

拔人之城而非攻也/一/251

跋前疐后/六/2

把酒共留春/五/146

把酒看花想诸弟/十/2

把酒送春春不语/五/146

把酒祝东风/五/146

白帝城中云出门/四/147

白帝高为三峡镇/四/147

白发悲花落/五/191

白发不能容相国/十/99

白发老农如鹤立/五/191

白发宁有种/十/99

白发千茎雪/二/103

白发三千丈/五/191

白发随梳少/十/99

白发徒自负/五/167

白发无情侵老境/三/75

白发渔樵江渚上/四/2

白骨半随河水去/一/188

白骨成丘山/一/188

白骨高于太行雪/一/188

白骨露于野/一/189

白骨似沙沙似雪/一/189

白骨已枯沙上草/一/189

白莲八九枝/八/98

白鹭行时散飞去/八/87

白鹭下看鱼/八/89

白马岩中出/七/1

白鸟悠悠下/八/97

白鸥自信无机事/八/88

白日半西山/五/191

白日不照吾精诚/五/192

白日地中出/七/140

白日放歌须纵酒/五/308

白日丽飞甍/四/163

白日沦西阿/七/83

白日掩荆扉/七/191

白日曜青春/七/84

白日依山尽/七/2

白首归来种万松/十/129

白首相逢征战后/一/189

白水暮东流/一/189

白头吊古风霜里/四/2

白头归未得/五/192

白头如新/九/81

白头搔更短/十/99

白头惟有赤心存/二/103

白下有山皆绕郭/四/84

白雪纷纷何所似/七/112

白杨多悲风/八/2

白玉不雕/十二/47

白云抱幽石/八/2

白云还自散/七/127

白云回望合/七/2

白云见我去/七/127

白云千里万里/七/127

白云如有意/五/110

白云生镜里/七/80

白云停阴冈/七/127

白云在青天/五/167

百尺竿头须进步/四/55

百尺楼高万里风/四/163

百尺之室/六/70

百川学海而至于海/三/75

百分桃花千分柳/七/140

百行以德为首/十/129

百花皆后香/八/74

百里不贩樵/一/160

百里不同风/四/42

百里而趣利者蹶上将/一/190

百里见秋毫/八/97

百里西风禾黍香/七/170

百里之海/六/2

百亩之田/一/69

百年不肯疏荣辱/六/2

百年讵几时/十一/56

百年秋已半/十/100

百年三万六千日/十一/101

百人誉之不加密/十/129

百舌无声燕子忙/八/115

百胜难虑敌/六/2

百世之患/一/2

百岁光阴半归酒/十/100

百岁无智小儿/二/87

百闻不如一见/六/3

百星之明/六/3

百姓安/一/2

百姓不足/一/299

百姓多寒无可救/一/2

百姓可以德胜/一/299

百姓所以养国家也/一/299

百姓与之则安/一/308

百姓足/一/299

百寻之屋/六/68

百叶双桃晚更红/八/2

百战百胜/一/190

百足之虫/六/126

柏生两石间/六/3

败军之将，不可言勇/一/190

败军之将，不可以言勇/一/190

败军之将，不可以语勇/一/269

败莫大于不自知/六/4

拜迎官长心欲碎/一/300

班声动而北风起/一/191

颁白者不负戴于道路矣/一/69

板桥人渡泉声/七/170

半川云影前山雨/七/170

半帆斜日一江风/十/62

半壕春水一城花/七/140

半笺娇恨寄幽怀/五/1

半江红树卖鲈鱼/八/98

半开半落闲园里/十一/37

半亩方塘一鉴开/三/76

半世总为天外客/五/308

半掩柴门人不见/七/171

半夜行军戈相拨/一/223

半夜鲤鱼来上滩/八/103

邦畿千里/一/300

邦无道/九/2

邦有道/九/2

苞物众者/七/2

褒贬无一词/十二/1

褒见一字/十二/47

褒善录功/一/116

褒贤显善/一/142

褒有德/一/96

必死则生/一/191

必推于物/一/301

必先苦其心志/三/44

必先知致弊之因/一/3

必因人之情/十一/56

必因时之势/十一/56

必有忍/九/3

筚路蓝缕/一/4

碧涧流红叶/七/128

碧芦围野水/五/111

碧山终日思无穷/五/111

碧潭宵见月/七/84

碧毯线头抽早稻/八/3

碧桃花发菖蒲紫/八/3

碧天如水夜云轻/七/3

碧梧栖老凤凰枝/八/125

碧野朱桥当日事/四/2

碧玉妆成一树高/八/3

碧云天，黄花地/五/111

碧云天，黄叶地/四/85

弊政之大/一/4

壁立千峰峻/七/3

避其锐气/一/192

避其所短/三/59

避天下之逆/一/4

避席畏闻文字狱/十二/2

避净不净/四/55

璧由识者显/三/1

边城多健少/一/192

边城暮雨雁飞低/七/141

边地春不足/七/141

边庭流血成海水/一/192

鞭扑之子/三/78

贬恶不溢其过/九/6

贬在片言/十二/47

扁鹊不能肉白骨/一/4

扁鹊不能治不受针药之病/六/4

扁舟泛湖海/十一/158

扁舟一棹归何处/七/156

汴水流/七/3

变故在斯须/十一/28

变则堪久/六/126

便不可失/十一/56

便是牡丹花下死/五/2

便宜不可占尽/九/55

便与先生成永诀/五/193

便做春江都是泪/五/193

遍地关山行不得/十一/29

遍青山啼红了杜鹃/八/88

遍身罗绮者/五/265

遍问旧交零落尽/五/193

辩而不华/十二/48

表独立兮山之上/五/2

表壮不如里壮/六/4

别裁伪体亲风雅/十二/3

别而听之则愚/一/5

别鹤声声远/五/112

别后唯所思/五/112

别离岁岁如流水/五/112

别离滋味浓于酒/五/112

病多知药性/九/115
病多知药性/四/191
病骨秋来瘦似松/九/124
病困乃重良医/四/191
病起翻书如访旧/五/309
病人觉愈/一/5
病身最觉风露早/十/101
病万变/六/5
伯乐一顾/三/1
博而能容浅/十/151
博而知要/三/92
博观而约取/三/78
博求人才/三/2
博学而不穷/三/78
博学而笃志/三/79
博学之/三/79
搏狸之鸟/十/36
搏沙为饼/九/25
踣者思起/四/191
补巢衔罢落花泥/八/88
不安，则轻其死/一/2
不薄今人爱古人/十二/3
不宝金玉/二/62
不备不虞/一/201
不才明主弃/五/167
不曾远别离/五/112
不成一事又空枝/八/26
不痴不狂/六/5
不痴不聋/十/2
不耻禄之不夥/十/131

不出尊俎之间/五/265
不聪不明不能王/九/3
不党父兄/十/130
不得其酱/十/52
不得志/十/137
不登高山/六/5
不读书有权/九/115
不法法/一/97
不妨举世无同志/十一/1
不愤不启/三/79
不逢高枝引/五/168
不改清阴待我归/八/49
不敢卷帘看/八/114
不敢要佳句/五/113
不苟一时之誉/一/5
不瞽不聋不能公/九/3
不观高崖/六/6
不观巨海/六/6
不官无功之臣/一/97
不广不见削/六/127
不贵尺之璧/十一/57
不贵于无过/十/130
不患莫己知/十/131
不患贫而患不均/一/6
不患人之不己知，患不知人
也/十/130
不患人之不己知，患其不能
也/十/130
不患士之不欲为/五/293
不患位之不尊/十/131

不患无位/十/131

不积跬步/六/6

不积小流/六/6

不汲汲于富贵/十/132

不汲汲于虚名/十/132

不即不离/四/55

不见故人弥有情/五/309

不见旧耆老/五/193

不见去年人/五/17

不见山巅树/九/9

不觉春风换柳条/四/85

不觉老将春共至/十/101

不教而杀谓之虐/三/80

不尽知用兵之害者/一/201

不经一事/六/6

不精不诚/二/62

不堪盈手赠/五/3

不可得再见者/十/39

不可死而死/二/62

不可以边陲不耸/一/6

不可以己所能而责人所不能/
十/132

不可以年少而自恃/十一/81

不可以一时之谤/九/81

不可以一时之得意/十一/138

不可以一时之誉/九/81

不可以有乱急/一/6

不可与言而与之言/九/39

不肯画堂朱户/八/4

不狂不痴/六/5

不愧于人/十/132

不立异以为高/十/133

不临深渊/六/5

不临深渊/六/6

不论其才之称否/五/266

不能则学/三/80

不能者退而休之/三/29

不能正其身/一/7

不能致功/一/97

不逆情以干誉/十/133

不念旧恶/九/4

不怕该债的精穷/九/116

不怕官/九/4

不怕骑生马/十一/81

不怕雪深埋/八/80

不戚戚于卑位/十/132

不戚戚于贫贱/十/132

不期同时/一/301

不期修古/一/7

不祈多积/三/81

不迁怒/十/133

不清不见尘/六/127

不穷视听界/六/7

不求不可得/九/4

不求不贪于民/二/1

不求不争于民/二/1

不求好句/十二/3

不求闻达于诸侯/九/20

不取亦取/三/81

不去庆父/六/127

不仁不智/二/39

不仁者不可以久处约/二/1

不仁者以其所不爱及其所爱/
二/41

不忍登高临远/五/59

不如意事常八九/十一/29

不如饮美酒/十一/119

不辱君命/一/276

不入虎穴/六/7

不若防其微/一/227

不塞不流/六/128

不善禁者/十/169

不善人者/十/169

不善学者/三/114

不赏私劳/一/97

不赏无功/一/98

不涉太行险/九/142

不失色于人/十/147

不时，不食/十/52

不识庐山真面目/六/7

不识字有钱/九/115

不实在于轻发/六/7

不食嗟来之食/十一/2

不是东风压倒西风/六/128

不是花中偏爱菊/八/4

不是虚心岂得贤/三/2

不是一番寒彻骨/十一/138

不受尘埃半点侵/十一/151

不思量/十/34

不贪花酒不贪财/六/8

不听至言/十/133

不韦迁蜀/六/101

不为不可成/九/4

不为穷变节/十一/2

不为无益之事/九/6

不为用者/十二/20

不违农时/一/7

不畏不怀/一/19

不畏浮云遮望眼/六/8

不畏义死/十一/2

不闻不若闻之/六/8

不闻大论/十/133

不闻先王之遗言/六/5

不问其德之所宜/五/266

不诬治以为乱/一/7

不悟有香来/八/82

不袭堂堂之寇/一/201

不先审天下之势而欲应天下
之务/十一/57

不限资例/三/51

不晓事倒有人夸荐/九/115

不孝有三/二/63

不信江南百万户/一/316

不须迎向东郊去/四/85

不学礼/二/2

不学面墙/三/81

不学亡术/三/81

不学者/三/107

不言而信/三/82

不揜贤以隐长/十一/3

不摇香已乱/八/5

不要人夸颜色好/十一/152

不一则不专/三/82

不以高危为忧惧/一/161

不以规矩/六/128

不以利禄为意/二/2

不以其道得之，不处也/十/140

不以其道得之，不去也/十/140

不以其所能者病人/十/133

不以求备取人/三/2

不以人所短弃其所长/三/3

不以人之卑自高/十/134

不以人之不能者愧人/九/28

不以人之坏自成/十/134

不以人之所不能者愧人/十/133

不以时迁者/十/158

不以私害法/一/98

不以天下之病而利一人/一/8

不以文害辞/十二/48

不以物喜/十一/152

不以一毫私意自蔽/十/134

不以一毫私欲自累/十/134

不以一己之害为害/一/301

不以一己之利为利/一/301

不以一眚掩大德/三/3

不义不暱/二/2

不义而富且贵/十/134

不义而强/二/2

不因怒以诛/一/98

不用乡导者/一/203

不由礼之事/二/3

不诱于誉/十/135

不雨棠梨满地花/八/60

不在其位/九/4

不在顺逆/二/3

不在憎爱/二/3

不展锋芒/四/56

不战而屈人之兵/一/190

不战屈敌虏/一/202

不知彼/一/202

不知常/四/56

不知叠嶂夜来雨/七/112

不知短发能多少/十/5

不知而言/九/5

不知何处吹芦管/五/59

不知何岁月/五/93

不知筋力衰多少/十/101

不知明镜里/十/101

不知其君，/九/81

不知其然而然者/一/61

不知其用而置非其处者败/
一/90

不知其子/九/81

不知墙外夜来梅/八/5

不知三军之事/一/202

不知山林险阻沮泽之形者/
一/203

不知庭霰今朝落/四/85

不知我者/五/259

不知细叶谁裁出/四/85

不知有汉/九/5

不知园里树/四/95

不知诸侯之谋者/一/203

不忮不求/十/135

不治可见之美/十一/3

不忠不信/二/63

不重之交/九/103

不著一字/十二/49

不自大其事/十/135

不自伐/十/135

不自见/六/9

不自矜/十/135

不足为外人道也/九/5

不作无补之功/九/6

布谷一声春水生/八/88

步步寻往迹/十/2

步趋动作/四/198

C

才不能逾同列/九/116

才胆实由识而济/六/9

才高行洁/五/168

才见岭头云似盖/四/86

才能之人去亡/三/3

才疏志大不自量/五/168

才无所骋其能/六/123

才以用而日生/六/9

才有大小/三/4

才有梅花便不同/八/65

才有深浅/十二/49

材难矣/三/4

财贿不以动其心/十一/3

财须民生/一/302

财者/一/161

财之不丰/一/8

裁缝无处等/五/45

裁为合欢扇/十/69

采得百花成蜜后/八/89

采菊东篱下/十/75

采桑已闲当采茶/五/193

采善不愈其美/九/6

采玉者破石拔玉/三/4

彩舟载得离愁动/五/113

参不尽者/三/96

参差远岫/四/164

参差之上/六/132

参横斗转欲三更/七/84

残杯冷炙有德色/十一/16

残杯与冷炙/五/258

残虹收度雨/七/128

残花半树悄无语/五/147

残花落尽见流莺/八/68

残花落尚香/八/58

残花片片细柳风/四/86

残军留废垒/一/203

残暑蝉催尽/四/86

残霞明灭日脚沈/七/128

残星数点雁横塞/七/85

残杏枝头花几许/五/147

朝光欲动千门曙/四/161

朝华不足欢/五/241

朝晖夕阴/七/110

朝菌不知晦朔/八/133

朝扣富儿门/五/258

朝来明镜里/十/126

朝来新火起新烟/四/146

朝露贪名利/九/153

朝如青丝暮成雪/十/108

朝食不免胄/一/294

朝闻道/十/186

朝无争臣则不知过/一/9

朝夕催人自白头/十/106

朝饮木兰之坠露兮/十/186

朝与仁义生/十一/25

朝云不归山/七/125

朝真暮伪何人辨/九/153

潮落江平未有风/十/52

潮落晚洲出/七/5

潮落夜江斜月里/七/5

潮落犹如盖/七/5

潮平两岸阔/七/5

潮吞淮泽小/七/6

车尘不到张罗地/十一/153

车辚辚/一/204

车马去迟迟/五/114

车如流水马如龙，花月正春
风/十/53

车如流水马如龙，仙史高台
十二重/四/165

车无轮安处/一/302

臣心一片磁针石/二/105

尘世难逢开口笑，菊花须插
满头归/十一/117

尘世难逢开口笑，人生待足
何时足/十一/29

沉思百年事/四/3

沉舟侧畔千帆过/六/11

晨飙动野/七/171

晨风动乔木/五/147

晨兴理荒秽/七/194

称其仇/三/5

成败何足论/十一/29

成大功者不小苟/六/11

成人不自在/十/136

成事不说/九/7

成事在理不在势/九/7

成天下之才者在教化/三/148

成也萧何/三/5

诚国是之先定/一/9

诚乎物而信乎道/二/64

诚心/二/64

诚信者/二/64

诚宜重其食/一/312

诚有功/一/98

诚有过/一/98

诚知此恨人人有/十/4

城边流水桃花过/八/7

城分苍野外/四/148

城郭生榛棘/四/158

城上风光莺语乱/四/88

城上高楼接大荒/五/195

城西门前滟滪堆/十/4

城小而守固者/一/204

城有所不攻/一/267

城中好高髻/四/43

城中桃李愁风雨/七/172

城中桃李须臾尽/八/8

城中未省有春光/四/148

乘车必护轮/一/302

乘理虽死而不亡/二/4

乘骐骥以驰骋兮/二/105

乘人之车者载人之患/九/7

乘兴而行/五/309

乘之愈往/十二/4

乘众人之制者/六/78

乘舟楫者/六/137

惩病克寿/四/192

吃饭防噎/四/192

鸱枭鸣衡轭/五/267

痴声痴色痴梦痴情几辈痴人/
四/170

池边顾步两鸳鸯/八/99

池光天影共青青/七/6

池色净天碧/七/6

池上碧苔三四点/四/89

池塘春草谢家春/十二/51

池塘生春草/四/89

迟日江山丽/四/90

迟日未西人已醉/四/90

持刀哄寡妇/五/268

持酒劝云云且住/五/147

尺璧非宝/十一/58

尺有所短/六/11

耻一物之不知/十一/58

赤壁矶头落照/四/3

赤地炎都寸草无/五/195

赤露两肘腹无粥/五/195

赤日炎炎似火烧/五/268

赤条条/十一/30

赤心事上/二/105

赤焰烧虏云/七/142

敕法以峻刑/一/98

冲风之衰/六/129

冲天香阵透长安/八/11

崇峻不凌霄/六/12

崇推让之风/一/9

抽刀断水水更流/五/195

仇无大小/九/8

惆怅不如边雁影/五/196

惆怅春归留不得/五/148

惆怅南朝事/四/3

惆怅软红佳丽地/二/106

畴昔叹时迟/十一/30

愁肠已断无由醉/五/196

愁多知夜长/五/196

愁共落花多/五/196

愁极本凭诗遣兴/五/196

愁看京口三军溃/五/268

愁看陌上青青草/五/114

93

愁生山外山/五/197

愁心伴杨柳/五/148

愁心极杨柳/五/197

愁云遮却望乡处/五/61

臭恶/十/67

出不入兮往不反/二/106

出乎其类/五/268

出门即有碍/五/168

出门妻子强牵衣/十/4

出门万里客/五/310

出门无所见/一/204

出塞书生瘦马骑/七/142

出山四望云木合/四/165

出师未捷身先死/四/4

出师一表真名世/五/269

出新意于法度之中/十二/51

出淤泥而不染/十一/153

出舆入辇/四/192

出自幽谷/八/90

初荷未聚尘/八/39

初嫁从亲/十/5

初惊河汉落/七/6

初秋凉气发/五/148

初生牛犊不怕虎/八/90

初无定质/十二/6

除害在于敢断/一/205

除患于未萌/六/12

锄禾日当午/五/197

锄一害而众苗成/一/99

雏凤清于老凤声/三/6

楚国苍山古/七/7

楚国青蝇何太多/五/269

楚客莫言山势险/十/5

楚阔天垂草/七/7

楚灵王好细腰/一/86

楚塞三湘接/四/148

楚山横地出/七/7

楚山全控蜀/七/7

楚虽三户能亡秦/二/106

楚虽有才/三/16

楚天长短黄昏雨/七/112

楚王好细腰/一/68

楚王遗弓/六/12

褚小者不可以怀大/三/149

处处鸟衔飞/八/122

处处逐人行/八/70

处大无患者恒多慢/一/205

处晦而观明/六/12

处江湖之远/二/118

处静而观动/六/12

处世忌太洁/九/8

处事则不使有过不及之谬/九/64

处无为之事/四/56

处职无废于忠勤/九/41

处治忘乱/一/93

处尊居显未必贤/三/6

畜狗所以防奸/三/54

畜民者先厚其业而求其赡/
一/93

川不可防/一/10

川平看鸟远/十/75

川原宿荒草/一/205

穿花蛱蝶深深见/八/91

穿花露滴衣/八/130

穿杨箭与惊人句/四/56

穿窬不禁/一/99

传不习乎/十/179

传名早死皆高寿/五/309

传神之难在于目/十二/4

传闻之事/九/8

传语后世人/十一/30

船冲水鸟飞还住/四/90

船到江心补漏迟/九/8

船尾跳鱼泼剌鸣/八/118

船载的金银/六/13

窗含西岭千秋雪/四/165

窗前绿竹生空地/五/240

窗外芭蕉窗里灯/五/4

搅金伐鼓下榆关/一/206

创基冰泮之上/六/129

创业难/一/10

创意造言/十二/5

吹面不寒杨柳风/八/81

垂成稽事苦艰难/五/197

垂大名于万世者/六/13

垂緌饮清露/八/91

垂老何时见弟兄/十/5

垂纶在林野/十一/153

垂死病中惊坐起/十/102

垂藤扫幽石/八/8

垂头自惜千金骨/十一/82

垂杨闲卧风/八/62

垂杨小院绣帘东/七/143

垂杨只解惹春风/五/114

棰楚之下/一/96

春不得避风尘/五/197

春残已是风和雨/五/148

春蚕到死丝方尽/五/4

春蚕收长丝/七/185

春草阶前随意绿/四/90

春草如有情/五/115

春潮带雨晚来急/七/112

春城三百七十桥/十/54

春城无处不飞花/四/91

春愁离恨重于山/五/115

春愁难遣强看山/二/107

春到人间草木知/四/91

春到人间万物鲜/四/91

春风北户千茎竹/八/8

春风不解禁杨花/八/8

春风吹蚕细如蚁/七/172

春风春雨花经眼/四/91

春风得意马蹄疾/五/310

春风贺喜无言语/四/92

春风解绿江南树/十/102

春风堪赏还堪恨/五/149

春风十里上珠帘/十/56

春风十里扬州路/十/199

春风桃李花开日/四/92

春风无限潇湘意/五/269

春在乱花深处鸟声中/四/95　　此中有真意/十一/118

春早见花枝/五/151　　　　　聪明不可用尽/九/55

春至金河雪似花/七/144　　　聪明得福人间少/九/117

春种一粒粟/五/269　　　　　聪者听于无声/二/87

春洲鹦鹉色/四/95　　　　　　从此别却江南路/五/116

纯信之士/二/107　　　　　　从道不从君/二/5

词源倒流三峡水/十二/51　　　从风暂靡草/九/9

辞，达而已矣/十二/6　　　　从谏如顺流/一/10

辞必高然后为奇/十二/5　　　从来不著水/八/11

辞不可不修/十二/5　　　　　从来夸有龙泉剑/五/6

辞靡于耳/十二/18　　　　　从来只得影相亲/八/132

辞让之心/二/4　　　　　　从农论田田夫胜/一/162

慈父之爱子/十/5　　　　　从善如登/六/13

慈母手中线/十/6　　　　　从时者/十一/58

慈母有败子/三/83　　　　从政有经/一/329

慈孝之心/十/6　　　　　丛篁低地碧/八/10

此处不留人/九/9　　　　　丛兰浥露似沾巾/八/46

此地一为别/五/116　　　　促织鸣东壁/八/108

此花开尽更无花/八/4　　　促织甚微细/八/92

此景此时君信否/四/166　　粹白之裘/六/50

此情可待成追忆/五/198　　翠尾分开红影/八/113

此情无计可消除/五/5　　　翠影红霞映朝日/七/86

此曲只应天上有/十二/51　　翠竹风摇声细细/四/57

此去与师谁共到/五/116　　村村寒食近/四/43

此日六军同驻马/四/4　　　村村皆画本/十二/6

此身合是诗人未/十一/154　村郭萧条/一/203

此时相望不相闻/五/6　　　村径绕山松叶暗/七/173

此事真复乐/十/33　　　　村静鸟声乐/七/172

此是春来第一声/八/105　　村连三峡暮云起/七/113

此夜曲中闻折柳/五/88　　村落一溪外/七/173

大人溺于民/九/146

大人者/二/64

大仁者修治天下/二/5

大厦将颠/六/14

大厦之材/六/67

大厦之成/六/15

大山崔/一/12

大摄/四/199

大事不得/九/62

大事化为小事/九/10

大树将颠/六/15

大树之下无美草/六/26

大隧之外，其乐也泄泄/五/311

大隧之中，其乐也融融/五/311

大网疏/五/269

大味必淡/六/131

大贤虎变愚不测/三/7

大弦嘈嘈如急雨/十二/52

大言不惭/九/10

大义灭亲/一/99

大音稀声/六/130

大饮则大盈/三/110

大勇若怯/六/16，九/82

大禹圣人/十一/59

大丈夫必有四方之志/十一/83

大丈夫处世/九/82

大丈夫当如此也/十一/83

大丈夫当雄飞/十一/83

大丈夫行事/九/10

大丈夫所守者道/十/137

大丈夫相时而动/九/10

大丈夫以信义为重/二/65

大者安其大而无忽于小/三/33

大直若屈/四/57

大智不智/一/206

带甲百万，而亡粟/一/183

带甲百万，非一勇所扞/一/226

带叶梨花独送春/八/16

带长铗之陆离兮/十一/154

带长剑兮挟秦弓/二/108

待到秋来九月八/八/11

待士不敬/三/7

待士之意周/三/8

待西施、毛嫱而为配/十/6

待月西厢下/五/6

黛色参天二千尺/八/51

黛色浅深山远近/七/9

丹枫索索满林红/八/51

丹鸡被华采/八/93

丹可磨而不可夺其色/十一/4

丹林黄叶斜阳外/四/95

丹青不知老将至/五/270

丹青初炳而后渝/十二/52

丹青难写是精神/十二/52

丹霞夹明月/七/86

丹心终不改/二/108

担囊行取薪/五/246

箪食壶浆/一/207

但把穷愁博长健/四/193

但悲时易失/十一/59

但操大柄掌在手/十/55
但愁花有语/十/103
但得将军能百胜/一/207
但见泪痕湿/五/22
但见群鸥日日来/八/118
但见新人笑/十/7
但将酩酊酬佳节/四/96
但肯寻诗便有诗/十二/7
但令归有日/五/61
但使仓库可备凶年/一/162
但使龙城飞将在/二/109
但使主人能醉客/五/61，
十一/124
但用东山谢安石/十一/102
但愿苍生俱饱暖/十一/154
但愿人长久/十/7
但愿有头生白发/四/193
但愿长无别/五/7
但愿众生皆得饱/十一/154
淡红褪白胭脂涴/八/64
淡晴花影不分明/八/81
淡扫明湖开玉镜/七/9
淡月隐芦花/八/42
弹压西风擅众芳/八/120
弹筝奋逸响/十二/69
澹然古怀心/十一/153
当断不断/九/11
当局者迷/六/16
当路谁相假/五/169
当面输心背面笑/九/117

当年不肯嫁春风/八/11
当其未化时/十/123
当其欣于所遇/五/311
当仁不让于师/二/5
当杀而虽贵重/一/99
当时而立法/一/100
当轩对尊酒/十/75
当着矮人/九/11
荡胸生曾云/十/76
导人必因其性/三/83
导引关节/四/198
导之以道而勿强/三/102
导之以礼乐/二/52
岛花开灼灼/八/12
倒持干戈/九/11
倒写朱桥水影中/十/58
到家成远客/五/199
盗虚声者多/九/118
道不行/五/169
道不同/九/11
道常无为/四/58
道德不厚者不可以使民/一/38
道德一于上/一/12
道高益安/十/137
道可道/四/58
道民之门/一/12
道千乘之国/一/12
道私者乱/一/100
道虽迩/六/16
道听而途说/五/270

道狭草木长/七/173
道犹金石/六/17
道者/一/109
道之所存/三/127
道之以德/一/13
道之以政/一/13
道尊/三/119
稻花香里说丰年/一/303
稻熟江村蟹正肥/八/93
稻田深处草虫鸣/八/101
稻田水浅鱼能几/八/93
得百姓之力者富/一/303
得百姓之死者强/一/303
得百姓之誉者荣/一/303
得闭口时须闭口/九/12
得成比目何辞死/五/7
得道者多助/一/303
得地千里/三/9
得放手时须放手/九/12
得呙氏之璧/三/9
得国常于丧/一/14
得何足喜/九/12
得黄金百斤/二/65
得利则跃跃以喜/十/7
得其大者可以兼其小/三/84
得其人而行之/三/8
得其所/十一/5
得其所利/六/17
得钱即相觅/十一/118
得饶人处且饶人/九/12

得人则安/三/8
得人者昌/一/304
得人者兴/三/8
得人之道/三/9
得丧而不形于色/五/270
得十良剑/三/9
得十良马/三/9
得时无怠/十一/59
得时者昌/十一/60
得食鱼儿趁浪花/八/126
得隋侯之珠/三/9
得天下英才而教育之/九/36
得天下英才而教之/十/153
得万人之兵/三/9
得贤者安存/三/49
得言不可以不察/九/13
得已而不已/一/14
得意不宜再往/九/16
得意浓时休进步/九/13
得之难/六/17
得之易/六/17
得志/十/137
得志有喜/六/17
得众动天/一/304
得众而不得其心/一/304
德不称其任/三/10
德不孤/十/137
德不优者不能怀远/一/14
德而不威/一/14
德教加于百姓/二/66

法者，所以适变也/一/109

法正则民悫/一/109

法之不行，自上犯之/一/109

法之不行，自于贵戚/一/110

法之功一/110

帆带夕阳千里没/五/118

帆讨浪无痕/八/111

帆远浮天阔/四/166

翻飞千寻玉/七/12

翻飞未肯下/五/106

翻空白鸟时时见/八/95

翻手作云覆手雨/九/119

凡百事之成也/九/16

凡此皆非所以安身崇德也/
十/182

凡法始立必有病/一/110

凡交/一/209

凡今之人/十/7

凡举事无为亲厚者所痛/九/16

凡理国者/一/163

凡民有丧/一/16

凡人之患/十/8

凡人之所以贵于禽兽者/二/6

凡人之谈/九/119

凡事当留余地/九/16

凡事预则立/九/17

凡书画当观韵/十二/8

凡为天下国家/一/16

凡为天下国家有九经/一/17

凡物皆有可观/六/131

凡学书者/十二/8

凡学之道/三/88

凡营衣食/一/23

凡有血气/十/8

凡战者/一/210

凡正人之道/一/18

凡罪充满/四/67

烦恼皆因强出头/九/58

繁华事散逐香尘/四/5

繁华有憔悴/十一/31

繁为攻伐/一/210

繁枝容易纷纷落/四/98

反身而诚/十/176

反水不收/六/22

反听之谓聪/九/17

反者道之动/四/59

返景入深林/七/28

返照乱流明/四/99

饭疏食/十/138

泛泛东流水/七/12

贩交买名之薄/五/271

方驾扬清尘/十/192

方今之务/一/163

方其中/九/17

方塘含清源/八/63

方凿不受圆/六/22

方宅十余亩/七/174

芳草不迷行客路/五/118

芳草二三月/四/99

芳草萋萋鹦鹉洲/八/43

芳草无情人自迷/八/69

芳草鲜美/八/14

芳草有情皆碍马/五/118

芳春山影花连寺/四/166

芳饵之下必有悬鱼/一/110

芳菲消息到/四/99

芳菲歇去何须恨/四/99

芳菊开林耀/十一/155

芳林新叶催陈叶/三/11

芳蹊密影成花洞/八/14

芳树无人花自落/四/99

芳心犹卷怯春寒/八/27

防民之口/一/18

防人之心不可无/九/21

访旧半为鬼/五/201

放鹤去寻三岛客/十/77

放利而行/九/18

放长线/六/22

飞阁翔丹/四/164

飞过东墙不肯归/八/4

飞过青山影里啼/八/100

飞花落絮满河桥/五/119

飞花送酒舞前檐/八/98

飞来飞去落谁家/八/35

飞流直下三千尺/七/13，
七/45

飞楼涌殿参差见/四/166

飞鸟成列/六/60

飞鸟何翻翻/八/63

飞鸟尽/五/271

飞鸟翔故林/八/99

飞上金井栏/八/114

飞霞半缕/七/129

飞星过水白/七/88

非必丝与竹/十/77

非不好富也/一/176

非才而据/三/11

非成业难/三/12

非淡泊无以明志/十/146

非得贤难/三/12

非规矩不能定方圆/六/23

非行之难/六/23

非宽大无以兼覆/一/18

非礼勿视/二/7

非礼勿言/二/7

非理之财莫取/九/18

非理之事莫为/九/18

非宁静无以致远/十/146

非其道/十一/5

非其地/三/89

非其人而行之/三/8

非其人而教之/三/89

非其义/十一/5

非其义也/二/7

非其意/三/89

非其种者/一/175

非是藉秋风/八/91

非是是非谓之愚/九/58

非死之难/十一/5

非威何畏/一/19

非我而当者/十/139
非我族类/十/8
非梧桐不止/十一/6
非药曷以愈疾/一/210
非用之难/三/12
非之则危/一/308
非知之艰/六/23
非知之难/六/23
肥水东流无尽期/五/8
腓大于股/三/12
翡翠鸣衣桁/八/95
翡翠盘高走夜光/八/66
废馆秋萤出/一/210
废邑狐狸语/一/211
分明峰头树/七/13
分野中峰变/七/13
纷纷红紫已成尘/四/100
纷纷暮雪下辕门/一/211
焚林而田/六/23
粉蝶如知合断魂/八/119
粉骨碎身全不怕/十一/158
粉墙斜露杏花梢/八/73
奋翅凌紫氛/八/96
丰财者/一/160
丰而不余一言/十二/8
丰凶相济/一/163
风哀笳弄断/一/211
风尘三尺剑/二/110
风吹古木晴天雨/七/113
风吹花片片/七/113
风吹夹路花/八/52
风吹柳花满店香/十一/118
风吹梅蕊闹/八/14
风定花犹落/七/175
风定小轩无落叶/四/100
风动叶声山犬吠/七/175
风断阴山树/七/147
风多响易沉/八/106
风翻白浪花千片/八/95
风翻荷叶一向白/七/113
风高帆影疾/五/119
风含翠篠娟娟净/八/15
风寒不和/十/124
风行草偃/一/19
风行水上/七/115
风花隔水来/八/102
风篁类长笛/四/167
风急蝉声哀/八/106
风急花飞昼掩门/五/202
风急天高猿啸哀/八/96
风景不殊/二/110
风老莺雏/四/100
风帘不动黄鹂语/十/77
风流不在谈锋胜/九/18
风露饥肠织到明/五/202
风马牛不相及/六/132
风梅落晚香/八/65
风鸣两岸叶/七/114，十/56
风逆花迎面/七/114
风蒲猎猎弄轻柔/七/114

扶过断桥水/四/60

芙蓉不及美人妆/十/192

芙蓉零落秋池雨/八/15

芙蓉露下落/四/101

芙蓉如面柳如眉/五/8

芙蓉生在秋江上/五/171

拂墙花影动/五/6

拂水柳花千万点/四/101

拂云百丈青松柯/八/15

服民以道德/一/19

服民之心/一/304

服人以诚不以言/九/7

服食求神仙/十一/119

服罪输情者虽重必释/一/111

浮光跃金/七/88

浮萍破处见山影/十/56

浮生聚散云相似/十一/31

浮生却似冰底水/十/104

浮生若梦/十一/31

浮天水送无穷树/七/15

浮图之慈悲/十/104

浮云连海岳/七/129

浮云日千里/五/81

浮云世态纷纷变/九/120

浮云一别后/十/104

浮云游子意/五/119

浮云终日行/五/119

福不可享尽/九/55

福近易知/六/24

福善之门莫美于和睦/十/9

福生于无为/六/24

福寿康宁/十/104

福无双至/六/25

抚剑西南望/二/113

抚我则后/一/305

抚枕不能寐/五/203

斧斤以时入山林/一/7，一/163

俯窥怜净渌/十/78

俯视清水波/七/88

俯仰终宇宙/五/311

俯仰自得/十/83

辅车相依/一/212

父不慈/十/10

父母俱存/九/36

父母俱存/十/153

父母能生长我/十/105

父母威严而有慈/三/90

父母有常失/十/48

父母在/二/66

父母之爱子/三/90

父母之年/二/66

父母之心，爱子孙一也/十/10

父母之心，人皆有之/十/10

父子有亲/十/11

妇姑相唤浴蚕去/七/175

妇人在军中/一/212

附而不治者/二/61

附耳之言/十/12

附骥尾则涉千里/六/25

111

高柳半天青/八/10

高柳即闻蝉/八/126

高楼目尽欲黄昏/五/9

高楼晓见一花开/五/312

高鸟黄云暮/四/101

高墙狭基/一/112

高情壮思/十二/9

高山仰止/十/140

高山在前/四/167

高山之巅无美木/六/26

高山之松/十一/21

高世之士/三/45

高树多悲风/十一/33

高台多悲风/十/13

高谈满四座/十一/103

高谈则龙腾豹变/十二/9

高梧一叶下/五/63

高议而不可及/六/26

高者未必贤/六/27

高枝百舌犹欺鸟/八/16

高筑墙/十一/60

告而不以实者/二/60

告我以吾过者/十/140

戈矛成山林/一/212

割不正/十/52

割鸡焉用牛刀/六/132

歌罢海动色/十二/54

歌管楼台声细细/五/150

歌曲弥妙/六/27

歌舞留人月易低/十/59

阁中帝子今何在/四/30

隔岸忽沉灯数点/七/15

隔岸两三家/七/176

隔岸一声牛背笛/十/78

隔断秋月明/五/197

隔江和泪听/十二/56

隔帘春雨细/七/115

隔门借问人谁在/十/78

隔墙须有耳/九/19

隔溪春色两三花/七/176

隔靴搔痒赞何益/十二/54

隔牖风惊竹/四/102

隔坐送钩春酒暖/五/312

各抱地势/四/181

各一时之秀也/八/9

各愿种成千百索/七/176

根到九泉无曲处/八/16

亘地黄河出/七/16

耕夫召募逐楼船/一/213

耕者忘其耕/十/205

耕织之民日耗/一/164

耿耿不寐/五/9

耿耿残灯背壁影/五/204

更吹羌笛关山月/五/120

更待菊黄家酝熟/十一/119

更深月色半人家/七/88

更也/十/154

更著风和雨/八/77

工不出则乏其事/一/171

工欲善其事/六/27

公道世间唯白发/十/105

公门暇日少/五/204

公生明，廉生威/二/9

公生明，偏生暗/九/20

公则民不敢慢/二/25

公正无私/一/20

功必不成/九/11

功不当其事/一/112

功不使鬼/一/305

功成不受爵/十一/6，十一/115

功当其事/一/112

功夫在诗外/十二/9

功盖三分国/五/272

功高成怨府/九/121

功冠天下者不安/九/121

功略盖天地/五/272

功名富贵若长在/十一/119

功名万里外/十一/119

功名只向马上取/十一/138

功盛者赏显/一/112

功遂身退/四/60

功业未及建/十一/33

功以才成/三/13

攻不必拔/一/290

攻不必取/一/290

攻敌所不守/一/213

攻其不备/一/213

攻其国爱其民/一/248

攻取者先兵权/一/20

攻人以谋不以力/一/213

攻在于意外/一/213

宫花拂面送行人/八/6

宫女如花满春殿/四/6

恭而无礼则劳/二/9

恭敬之心/十/3

躬自厚而薄责于人/九/20

共君今夜不须睡/五/151

共看今夜月/五/64

共看明月应垂泪/五/64

共是悲秋客/五/130

共舆而驰/六/28

勾引春风无限情/八/77

钩曲之形/六/132

苟得其人/三/13

苟非其人/三/13

苟非吾之所有/十一/7

苟怀四方志/十一/84

苟可以利民/一/20

苟可以强国/一/20

苟利国家/十一/7

苟利国家生死以/十一/7

苟利于国/二/112

苟利于民/一/20

苟能修身/十/141

苟能制侵凌/一/215

苟全性命于乱世/九/20

苟日新/十/141

苟无恒心/一/164

苟无济代心/十一/84

苟无民/一/305

115

谷静秋泉响/七/16

谷口云迎马/七/129

谷鸟一声幽/八/129

谷太贱则伤农/一/165

谷足食多/一/165

骨肉相附/一/298

骨肉之亲/十/14

骨消肌肉尽/五/274

鼓腹而歌/十一/120

鼓腹无所思/七/177

鼓声随听绝/五/120

穀则异室/五/10

故国三千里/五/205

故患有所不辟也/二/47

故人西辞黄鹤楼/五/120

故山归梦远/五/65

故山迢递故人去/五/65

故书不厌百回读/三/92

故溪黄稻熟/五/65

故下封枝雪/八/59

故乡二千里/五/66

故乡何处是/五/66

故乡今夜思千里/五/66

故园此去千余里/五/66

故园东望路漫漫/五/67

故园柳色催南客/五/67

故作小红桃杏色/八/16

顾盼遗光彩/十/194

顾闻号泣声/一/204

顾我无衣搜荩箧/十/14

顾小而忘大/六/28

瓜田不纳履/九/20

呱呱之子/十/13

刮金佛面细搜求/五/271

怪来一夜蛙声歇/四/143

关城树色催寒近/五/151

关关雎鸠/五/10

关寒塞榆落/七/146

关河千里别/十/57

关雎乐而不淫/十二/54

关门不锁寒溪水/五/67

关塞极天惟鸟道/四/150

关山难越/五/171

关山万里残宵梦/二/113

关云常带雨/七/146

观风知浪起/四/61

观乎人文，以化成天下/一/21

观乎天文，以察时变/一/21

观摩诘之画/十二/71

观其交游/九/82

观其所由/九/98

观其志而知其德/四/51

观人必于其微/九/83

观书贵要/三/92

观书者当观其意/六/29

观天下书未遍/三/92

观于海者难为水/六/29

官达者/六/29

官无常贵/三/14

官无二业/一/21

官在得人／三／15

管中窥豹／六／30

冠盖满京华／五／172

冠虽敝／六／30

冠者五六人／十／83

惯是湖边住／十／57

光阴似箭催人老／十一／61

广泽生明月／七／16

广直言之路／一／21

归国宝／三／15

归来饱饭黄昏后／十一／120

归来涧底磨刀斧／五／205

归来宴平乐／十／57

归马于华山之阳／一／214

归梦如春水／五／67

归鸟趋林鸣／八／118

归师勿遏／一／215

归鸦不带残阳老／八／97

闺中少妇不知愁／五／10

鬼门关外莫言远／九／122

贵出如粪土／一／165

贵德而尊士／三／15

贵而犯法／一／113

贵贱之于身也／十／142

贵人多忘事／五／273

贵贤，仁也／二／10

贵以贱为本／四／61

贵义而不贵惠／二／10

贵远而贱近者／九／122

贵在见知／三／28

贵者虽自贵／十一／8

贵珠出乎贱蚌／六／133

桂林风景异／四／102

桂子月中落／四／168

滚滚长江东逝水／四／7

聒碎乡心梦不成／五／62

国不务大／一／305

国仇亮不塞／二／113

国仇未报壮士老／二／113

国大而政小者／一／21

国家不幸诗家幸／十二／10

国家大事／一／113

国家法令／一／113

国家昏乱／四／57

国家将亡，必用奸人／三／15

国家将亡，必有妖孽／一／22

国家将兴／一／22

国家殷富／一／172

国将亡／一／22

国离寇敌则伤／一／165

国破山河在／一／215

国史之美者／十二／55

国虽大／一／215

国无常俗／四／47

国无常治／一／114

国无礼则不宁／二／34

国无三年之食者／一／166

国无小／一／22

国小而政大／一／21

国医不泥古方／六／30

国以得人为强/三/15

国以民为本，民以谷为命/
一/306

国以民为本，社稷亦为民而
立/一/306

国以人为本，人以衣食为本/
一/23

国以信而治天下/二/67

国以用贤使能而兴/三/16

国弈不废旧谱/六/30

国有常法/一/115

国有常众/一/215

国有忠臣/六/149

国正天心顺/一/306

国之废兴/三/16

国之将兴/三/93

国之利器不可以示人/四/61

国之所以能强/二/35

国之所以兴者/一/166

国之有民/一/306

虢国夫人承主恩/十/194

果能此道矣/三/108

果者/一/216

裹尸马革英雄事/二/114

过不可以贰/一/114

过而不改/十/142

过而知改/一/113

过江三尺浪/七/117

过尽千帆皆不是/五/11

过了河儿就拆桥/五/273

过门无马迹/十一/156

过屠门而大嚼/十一/121

过也/十/154

过雨荷花满院香/四/102

过雨看松色/七/16

过雨樱桃血满枝/八/16

过则勿惮改/九/103

过则勿惮改/十/142

过之所始/六/36

H

还带春风上柳条/八/121

还家万里梦/五/71

还君明珠双泪垂/五/14

还有小园桃李在/五/11

海暗三山雨/七/115

海不辞水/六/31

海产明珠/三/16

海到天边天作岸/十一/103

海枯终见底/九/117

海内存知己/九/83

海内风尘诸弟隔/一/216

海畔尖山似剑芒/五/68

海上生明月/五/121

海上涛头一线来/七/17

海曙云浮日/七/17

海水广大/三/44

海棠不惜胭脂色/八/17

海棠开后春谁主/八/17

海外徒闻更九州/十一/33

海以合流为大/三/93

害人之心不可有/九/21

酣饮终日夜/十/57

含风鸭绿鳞鳞起/八/17

含情两相向/五/206

含情欲说独无处/五/206

函关归路千余里/五/68

函牛之鼎以亨鸡/六/31

韩非囚秦/六/101

韩信将兵/一/216

寒波淡淡起/八/97

寒蝉鸣高柳/八/103

寒蝉凄切歇/五/205

寒蝉在树鸣/五/68

寒城一以眺/四/102

寒风摧树木/四/103

寒花带雪满山腰/八/17

寒花隐乱草/五/151

寒江流甚细/七/17

寒迥山河净/四/103

寒来暑往/四/103

寒来则暑往/七/17

寒凉应节至/四/103

寒林残日欲栖乌/五/206

寒梅已作东风信/八/26

寒梅最堪恨/八/18

寒鸟树间响/十/58

寒泉飞流/七/17

寒日随潮落/十/58

寒沙茫茫出关道/七/147

寒沙蒙薄雾/七/130

寒沙四面平/七/147

寒山吹笛唤春归/十二/55

寒山转苍翠/四/103

寒暑不时则疾/十/105

寒树鸟初动/十/58

寒树依微远天外/五/152

寒随一夜去/四/103，四/108

寒潭映白月/四/104

寒塘映衰草/四/104

寒天催日短/四/104

寒雪梅中尽/四/104

寒鸦飞数点/七/177

寒雁归时一叶秋/八/109

寒夜客来茶当酒/九/84

寒衣针线密/十/14

寒雨连江夜入吴/五/206

寒者不贪双璧而思短褐/六/133

寒砧万户月如水/七/89

汉地草应绿/五/69

汉家青史上/四/7

汉家社稷四百年/四/7

汉口夕阳斜渡鸟/七/18

汉水天一色/七/18

汉有游女/五/23

汉之广矣/五/11

汗马牧秋月/一/216

菡萏香消翠叶残/四/104

撼山易/一/217

瀚海经年到/七/147

瀚海阑干百丈冰/七/148

行百里者半于九十/六/156

行傍柳阴闻好语/八/127

行必履正/九/68

行必为战备/一/276

行必先人/十/180

行遍天涯等断蓬/五/246

行不修而欲谈人/三/116

行不中法者不高也/一/151

行操益清/六/27

行到水穷处/十/93

行到中庭数花朵/十/205

行得春风/四/78

行端直则无祸害/九/59

行恶事则为小人/九/34

行发于身不可掩/九/69

行拂乱其所为/三/44

行高于人/九/129

行行行/十一/52

行行日已远/五/246

行行循归路/五/99

行行重行行/五/246

行患不能成/九/70

行己有耻/一/276

行莫大乎无过/六/120

行年五十而知四十九年非/
十/180

行人刁斗风沙暗/一/276

行人无限秋风思/五/99

行善事则为君子/九/34

行赏不遗仇雠/一/150

行事见于当时/一/72

行徒用息驾/十/194

行违于道/十/181

行小忠/二/81

行一棋不足以见智/六/156

行义不顾毁誉/二/52

行远必自迩/六/106

行云犹解傍山飞/五/44

行云有影月含羞/八/36

行者见罗敷/十/205

行之以躬/十/181

行止自成行/八/98

杭州之有西湖/四/150

毫厘之根/六/135

毫毛不拔/六/31

豪杰之士者/十一/8

好读书/三/93

好恶以理/九/21

好风凭借力/十一/85

好风碎竹声如雪/十二/55

好峰随处改/七/18

好行小慧/五/284

好面誉人者/四/61

好男不吃分家饭/十一/139

好鸟鸣高枝/八/113

好鸟迎春歌后院/八/98

好鸟枝头亦朋友/十/79

好事尽从难处得/六/32

好是日斜风定后/八/98

好问则裕/三/93

好心无好报/四/61

好学近乎知二/10

好音生于郑卫/六/140

好雨知时节/七/116

好者不必同色而皆美/六/32

好竹连山觉笋香/十/53

号令不虚出/一/114

浩浩汤汤/七/18

皓齿娥眉/四/192

合抱之木/六/32

合升斗之微以满仓廪/一/166

合天下之众者财/一/167

合则留/九/21

何曾吹落北风中/八/39

何处是归程/五/207

何处望神州/二/114

何当共剪西窗烛/五/12

何人把酒慰深幽/五/207

何日承平如画里/一/217

何日平胡虏/一/217

何时倚虚幌/十/15

何世无奇才/五/172

何似东都正二月/四/151

何事将军封万户/四/7

何物最关情/五/152

何须论得丧/十一/121

何须浅碧深红色/八/18

何以解忧/五/212，十一/121

何意百炼刚/十一/34

和民一众/一/114

和氏之璧/六/133

和衣拥被不成眠/五/207

和议终非中国计/四/8

河海不择细流/一/57

河汉清且浅/五/12

河清不可俟/十/105

河山北枕秦关险/四/151

河水欲清/六/78

河源怒触风如刀/七/18

荷动知鱼散/八/120

荷风送香气/八/18

荷花镜里香/八/83

荷花开尽秋光晚/八/19

荷尽已无擎雨盖/八/19

荷净纳凉时/八/84

荷深水风阔/八/19

荷香销晚夏/八/19

荷叶罗裙一色裁/十/195

荷叶生时春恨生/五/152

荷衣落古池/八/84

鹤行松径雨/四/62

鹤胫虽长/六/24

鹤冷移巢易/四/62

鹤鸣于九皋/五/172

黑云翻墨未遮山/七/130

黑云压城城欲摧/一/217

恨如芳草/五/207

恨无千日酒/五/207

恨小非君子/九/21
横笛闻声不见人/一/218
横飞彩舰波光外/十/58
横江欲渡风波恶/五/208
横看成岭侧成峰/七/19
横空过雨千峰出/七/19
横槊赋诗男子事/十一/104
横玉声中吹满地/十/79
横云岭外千重树/七/177
衡门之下，可以栖迟/十一/156
衡门之下，有琴有书/五/312
红豆生南国/五/12
红芳绿草接东墙/八/80
红了樱桃/八/30
红鲤二三寸/八/98
红莲落故衣/八/34
红入桃花嫩/八/19
红树青天外/四/105
红杏开时/四/117
红杏香中箫鼓/七/148
红杏枝头春意闹/八/33
红杏枝头寒食雨/四/105
红颜怆为别/五/208
红颜弃轩冕/十一/121
红颜未老恩先断/五/13
红颜与壮志/十一/61
红叶火龙鳞/八/22
红叶醉秋色/七/19
红衣落尽渚莲愁/八/85
红英落尽青梅小/四/93

红绽雨肥梅/八/33
红烛自怜无好计/五/13
宏远深切之谋/九/22
虹截半江雨/七/116
虹收青嶂雨/七/130
虹随余雨散/七/89
鸿鹄巢于高林之上/六/32
鸿鹄高飞，不集污池/十一/22
鸿鹄高飞，一举千里/六/134
鸿鹄固有远志/三/17
鸿雁不堪愁里听/五/69
鸿雁出塞北/八/98
鸿雁飞南北/十/15
鸿雁飞兮木叶落/五/152
鸿雁归时水拍天/八/99
鸿雁几时到/九/84
侯门一入深似海/五/13
喉中有病/六/64
猴猿临岸吟/八/99
后来者居上/三/17
后如脱兔/一/259
后生固为可畏/九/22
后生可畏/三/17
后嗣若贤/一/162
后之视今/六/33
厚冰无裂文/四/130
厚发奸之赏/一/115
厚酒肥肉/四/193
厚者不毁人以自益也/二/11
呼吸吐纳/四/194

呼鹰腰箭归来晚/十一/104

忽见陌头杨柳色/五/10

忽喇喇似大厦倾/六/134

忽如一夜春风来/七/148

忽闻河东狮子吼/十/15

狐狸驰赴穴/八/99

狐埋之而狐搰之/六/33

狐裘虽敝/六/33

狐死归首丘/五/69，五/88

狐死首丘/五/69

狐疑犹豫/六/28

胡兵十万起妖氛/二/88

胡尘未尽不为家/二/115

胡马失其群/五/71

胡马依北风/五/70

胡雁哀鸣夜夜飞/七/148

湖边无处看山色/七/177

湖边钟磬含清籁/四/169

湖光秋月两相和/七/19

湖光写出千峰秀/七/20

湖清霜镜晓/七/20

湖山信是东南美/七/149

湖上小桃三百树/四/105

湖上一回首/七/20

湖声莲叶雨/七/116

湖天一种色/七/20

蝴蝶梦中家万里/五/70

蝴蝶双双入菜花/七/177

虎踞龙盘/四/160

虎踞龙蟠何处是/四/8

虎兕出于柙/五/273

虎啸谷风起/五/14

虎啸深谷底/五/208

虎欲异群虎/六/165

户外一峰秀/四/169

花不常好/十一/61

花对池中影/八/53

花发多风雨/五/121

花房半弄微红/八/62

花飞有底事/五/153

花红易衰似郎意/五/14

花际徘徊双蛱蝶/八/99

花间觅路鸟先知/八/135

花间一壶酒/五/208

花近高楼伤客心/五/70

花径不曾缘客扫/九/84

花开红树乱莺啼/四/105

花开花落留胜赏/十一/62

花开时节动京城/八/60

花开又花落/五/153

花烂漫/四/62

花柳更无私/八/23

花落柴门掩夕晖/五/153

花落一杯酒/五/122

花暖蜜蜂喧/八/96

花缺露春山/八/136

花燃山色里/八/20

花如解语迎人笑/八/20

花树得晴红欲染/八/20

花褪残红青杏小/八/100

花外鸟归残雨暮/七/20
花须柳眼各无赖/八/20
花迎喜气皆知笑/五/312
花影动回廊/八/114
花雨晴天落/七/116
花枝草蔓眼中开/八/21
花枝出苑墙/八/6
花中气节最高坚/八/65
花自飘零水自流/五/14
华而不实/九/22
华岳眼前尽/七/21
骅骝拳跼不能食/五/172
化物多者/七/2
化作春泥更护花/八/35
画栋朝飞南浦云/四/169
画鼓连槌响/四/62
画虎不成反类狗/六/135
画虎画皮难画骨/九/123
画竹必先得成竹于胸中/
十二/10
话须通俗方传远/六/34
怀此王佐才/五/173
怀此贞秀姿/十一/155
怀道者须世/六/34
怀恶而讨/一/218
怀文武之才者/三/18
淮山隐隐/五/122
淮水东边旧时月/四/8
淮水悠悠/五/122
槐柳萧疏绕郡城/八/21

欢乐极兮哀情多/十/106
欢笑情如旧/十/104
欢娱嫌夜短/五/313
换我心/五/14
患咎之首莫大于内离/十/9
患名之不立/十/143
患生于多欲/六/34
患生于所忽/六/34
患在百里之内/一/218
患在不预定谋/九/76
患在千里之内/一/218
患在四海之内/一/218
荒城背流水/四/151
荒城临古渡/四/152
荒村带返照/七/178
荒村日西斜/七/178
荒台汉时月/四/9
荒涂无归人/一/218
荒者/一/23
皇皇三十载/十一/62
黄尘满面长须战/一/219
黄尘足今古/一/219
黄犊青山下/七/178
黄蜂小尾扑花归/八/92
黄河九曲流/七/21
黄河九曲天边落/七/21
黄河落天走东海/七/21
黄河捧土尚可塞/五/209
黄河若不断/九/84
黄河万里触山动/七/21

黄河西来决昆仑/七/22

黄河远上白云间/七/22

黄鹤楼中吹玉笛/十二/56

黄鹤西楼月/九/85

黄鹤晓别/五/122

黄鹤一去不复返/四/29

黄鹄一远别/五/71

黄花红叶共秋风/八/21

黄花金兽眼/八/22

黄花如散金/八/42

黄花深巷/四/105

黄昏履綦绝/五/198

黄鸡紫蟹堪携酒/五/313

黄金白璧买歌笑/十一/104

黄金累千/三/18

黄金无足色/六/35

黄金珠玉/一/24

黄梅时节家家雨/四/106

黄鸟不堪愁里听/十/79

黄鸟时兼白鸟飞/八/120

黄沙百战穿金甲/二/115

黄沙风卷半空抛/七/149

黄沙碛里客行迷/七/149

黄四娘家花满蹊/八/22

黄叶一离一别/九/85

黄莺久住浑相识/八/100

黄莺也爱新凉好/八/100

黄云断春色/七/149

黄云万里动风色/七/130

黄钟毁弃/五/267，九/123

挥手长相谢/五/128

挥手自兹去/五/123

恢恢六合间/十一/34

回堤溯清风/七/116

回顾担柴汉/九/59

回看天际下中流/七/131

回狂澜于既倒/十一/105

回乐烽前沙似雪/七/150

回眸一笑百媚生/十/195

回首向来萧瑟处/十一/157

回映之处/七/17

悔在于任疑/三/18

毁生于嫉/九/123

毁誉不干其守/十一/8

毁誉从来不可听/六/35

毁誉之于己/十/142

卉木蒙蒙/八/7

会被东风暗拆看/八/74

会当凌绝顶/十一/85

会得离人无限意/五/123

会桃花之芳园/十/15

会挽雕弓如满月/十一/86

会战此中唐/八/93

惠此中国/一/312

蕙兰有恨枝尤绿/八/22

嘒彼小星/七/89

蟪蛄不知春秋/八/133

昏鸦已满林/八/94

婚姻/十/16

婚姻论财/十/16

及在槛阱之中/三/27　　　　己善/十/143

及之而后知/六/38　　　　　己所不欲/九/23

吉人之辞寡/九/85　　　　　己之虽实/十/143

极目平沙千里/一/220　　　己之虽有/十/143

即今白发如霜草/五/173　 己之所无/十/144

即今江海一归客/十一/86　脊令在原/十/18

疾风冲塞起/七/150　　　　计不设/六/38

疾风而波兴/六/136　　　　计较府库/一/167

疾风劲草识忠良/六/38　　计口而受田/一/168

疾风知劲草/二/67　　　　 计能规于未兆/六/39

疾雷不及掩耳/六/136　　 计熟事定/一/221

疾如流矢/一/220　　　　　记得绿罗裙/五/15

疾痛则呼天/十/17　　　　记人之善/九/23

疾学在于尊师/三/95　　　记人之长/九/23

疾者思愈/四/191　　　　　记问之学/三/95

集众思/六/38　　　　　　　芰荷覆水船难进/十/59

瘠地之民多有心者/一/167　芰荷声里孤舟雨/十/59

几处败垣围故井/一/220　既不能流芳后世/十一/34

几处吹箫明月夜/二/116　既画以后/十二/27

几处楼台皆枕水/四/152　既来之/九/24

几处早莺争暖树/八/100　既明且哲/九/24

几回鹊喜无消息/五/72　　既食/一/221

几回疏雨滴圆荷/八/75　　既是大商/四/63

几回天上葬神仙/十一/63　既往不咎/九/7

几缕柔柳乍和烟/八/75　　既战养其气/一/270

几时拓土成王道/一/221　既知退而知进兮/九/24

几时心绪浑无事/五/209　祭而丰/二/67

几岁生成为大树/六/136　寄托不肖躯/五/50

几许欢情与离恨/四/106　寄言燕雀莫相啐/十一/105

己能/十/143　　　　　　　寄与不寄间/五/51

寄语双莲子/五/15

寄治乱于法术/一/115

寂寂空庭春欲晚/五/209

寂寂寥寥扬子居/三/95

寂寞柴门人不到/七/178

寂寞孤灯愁不寐/十/60

寂寞开无主/八/77

寂寞向秋草/五/153

寂寞小桥和梦过/八/101

寂寞舟中谁借问/十/60

霁后三川冷/四/106

霁霞散晓月犹明/七/131

髻云浅露月牙弯/十/196

冀以尘雾之微补益山海/二/116

骥一日而千里/六/39

佳节已从愁里过/五/209

佳节又重阳/四/106

佳人睡起懒梳头/四/63

佳山佳水佳风佳月/四/170

挟书万里朝明主/十一/113

挟天子而令诸侯/一/70

挟天子以令天下/一/70

挟天子以令诸侯/一/70

家必自毁之/十/18

家富则疏族聚/九/124

家给人足/一/25

家累千金/九/25

家贫则思良妻/三/18

家贫则兄弟离/九/124

家事/二/111

家有常业/一/115

家在梦中何日到/五/72

嘉谷不夏熟/十一/139

嘉会难再逢/五/123

夹岸桃花蘸水开/八/23

夹岸朱楼隔柳条/十/54

蛱蝶飞来过墙去/八/101

甲兵不可以威/一/313

甲坚兵利/一/200

甲胄生虮虱/一/221

贾生明王道/四/9

假金只用真金镀/六/39

假如三万六千日/五/210

假舆马者/六/137

假作真时真亦假/六/40

嫁得瞿塘贾/五/15

嫁女莫望高/十/18

嫁女择佳婿/十/18

奸回不诘/一/153

坚甲利兵不足为武/一/222

肩若削成/十/196

艰难奋长戟/四/152

艰难苦恨繁霜鬓/五/210

兼听则明/一/25

兼相爱/二/11

兼葭苍苍/五/15

茧待缲而为丝/三/103

俭节则昌/一/25

检书烧烛短/十一/86

剪半岭闲云补衲/十/79

剪不断/五/124

剪成碧玉叶层层/八/45

剪恶如草/一/115

剪纸为墙/九/25

简能而任之之/三/19

简守帅/一/222

见不尽者/二/96

见得思义/九/35

见敌之所不足/一/252

见画一色/六/40

见骥一毛/六/40

见可而进/九/25

见客但倾酒/五/274

见礼而知俗/二/11

见利思义/二/11

见利争让/十/144

见能而不使/三/48

见其生不忍见其死/二/17

见其俗/四/54

见善如不及/十/144

见善思齐/十/145

见善则迁/十/145

见胜则起/一/252

见势不趋/十一/9

见兔而顾犬/六/40

见危授命/一/116

见贤不能让/三/19

见贤思齐焉/十/145

见小利/一/68

见义不为/二/12

见义勇为/二/12

见远舟如落叶/十/73

见之不若知之/六/8

见之而不知/三/126

建大功于天下者/六/40

建大事者/九/25

建大业者不拘小节/六/41

建官惟贤/三/19

建国君民/三/96

荐贤贤于贤/三/19

贱不害智/九/85

贱不肖/二/10

贱者虽自贱/十一/8

剑阁峥嵘而崔嵬/四/152

剑河风急雪片阔/七/150

剑戟横空金气肃/一/222

剑老无芒/十/106

剑外忽传收蓟北/二/116

健儿须快马/六/137

涧草无名百种香/八/92

涧底百重花/七/22

涧水无声绕竹流/七/23

涧松寒转直/八/23

涧松千载鹤来聚/四/64

渐行渐远渐无书/五/124

渐霜风凄紧/四/107

鉴明者/六/41

鉴往可以昭来/六/41

鉴于人者/六/41

鉴于水者/六/41

箭在弦上/六/137

江碧鸟逾白/七/23

江边枫落菊花黄/五/72

江边一树垂垂发/十/106

江城烽火连三月/五/124

江春不肯留归客/五/124

江村片雨外/四/170

江带峨眉雪/七/23

江东不但鲈鱼美/七/150

江东子弟多才俊/四/9

江东子弟今虽在/四/9

江涵千顷月/十/60

江汉春风起/四/107

江汉思归客/二/117

江河之水/六/42

江河之溢/六/138

江湖多白鸟/五/274

江湖秋水多/九/84

江花何处最肠断/五/153

江火似流萤/八/47

江间波浪兼天涌/七/23

江流今古愁/四/10

江流千古英雄泪/五/274

江流石不转/四/10

江流天地外/七/24

江流有声/七/24

江南春色何处好/七/151

江南二月春/七/151

江南二月多芳草/七/151

江南几度梅花发/十/106

江南佳丽地，金陵帝王州/七/151

江南佳丽地，山水旧难名/七/151

江南江北旧家乡/五/124

江南江北送君归/九/103

江南可采莲/七/152

江南孟夏天/四/107

江南三月/七/152

江浦雷声喧昨夜/四/107

江山不管兴亡恨/四/10

江山不夜月千里/四/107

江山代有才人出/十二/56

江山留胜迹/七/24

江山如有待/八/23

江山王气空千劫/四/10

江上鹅儿浴浅沙/八/101

江上柳如烟/七/24

江上秋风无限浪/九/124

江上人家桃树枝/七/179

江上往来人/五/210

江上雪初消/八/23

江上正好看明月/五/274

江深竹静两三家/七/179

江声不尽英雄恨/五/210

江声犹带蜀/四/170

江水澄澄江月明/十二/56

江天一色无纤尘/七/89

江头未是风波恶/九/124

江头杨柳暗藏鸦/八/101

江燕绕樯飞/八/1

江燕引雏飞/八/129

教不严/三/141
教不厌/三/132
教笞不可废于家/一/116
教妇初来/三/97
教行于家/一/26
教化可以美风俗/四/44
教化之本/三/97
教化之所本者在学校/三/148
教民礼顺/二/68
教民亲爱/二/68
教人为学/三/97
教人至难/三/97
教人治人/三/97
教学相长/三/98
教学之法/三/98
教之/三/20
阶下泉声答松籁/四/170
皆知敌之仇/六/44
皆知敌之害/六/44
皆竹楼之所助也/四/188
接天莲叶无穷碧/八/24
接天杨柳风烟里/八/24
嗟我白发/十/107
街谈巷说/一/26
节近重阳念归否/四/108
节用储蓄/一/168
节用而爱人/一/12
节欲则民富/一/168
结垂杨而代彄/八/40
结发同枕席/五/16

结发为夫妻/五/17
结交淡若水/九/87
结交莫羞贫/九/87
结交一言重/九/87
结交在相知/九/87
结庐在人境/十一/35
结民心/一/300
结驷列骑/十一/35
睫在眼前长不见/十一/139
竭诚则吴越为一体/九/26
竭泽而渔/六/44
解把飞花蒙日月/五/278
解道澄江静如练/四/38
解缆君已遥/五/125
解落三秋叶/七/117
解释春风无限恨/五/17
戒心之易忘/九/125
戒之/九/26
借听于聋/三/98
借问酒家何处有/四/121
今朝开镜匣/十/107
今朝一杯酒/五/125
今朝有酒今朝醉，明日愁来明日愁/十一/122
今朝有酒今朝醉，且尽樽前有限杯/十一/122
今春看又过/五/72
今年春尽/五/133
今年花似去年好/十/107
今年元夜时五/17

133

九月天山风似刀/七/152
九州犹虎豹/一/226
久别年颜改/五/313
久旱逢甘雨/五/313
久戍人将老/一/226
久要不忘平生之言/二/11
久在樊笼里/五/314
酒从别后疏/五/18
酒后留君待明月/五/126
酒乱性/十/61
酒能成事/十/61
酒能祛百虑/四/194
酒浓春入梦/十/80
酒肉弟兄千个有/九/125
酒是烧身焇焰/六/46
酒为色媒/六/46
酒以成礼/二/13
酒债寻常行处有/十一/122
旧恨春江流不断千叠/五/211
旧路青山在/五/211
旧时王谢堂前燕/四/11
旧时巷陌今谁问/五/75
旧是胡儿饮马泉/八/33
旧学商量加邃密/三/100
旧苑荒台杨柳新/四/12
救寒莫如重裘/十/146
救人一命/四/64
救奢必于俭约/一/27
救死具八珍/九/27
就其浅矣/五/18

就其深矣/五/18
就仁去不仁/一/75
就有道而正焉/三/120
就有道而正焉/十/150
居安思危/一/27
居必常安/六/86
居必择乡/九/88
居不求安/十/147
居常土思兮心内伤/五/74
居楚而楚/四/45
居处恭/二/69
居高声自远/八/91
居高屋之上建瓴水/一/226
居官有二语/二/13
居官者公则自廉/二/13
居家戒争讼/十/19
居累卵之危/六/46
居马上得之/一/27
居庙堂之高/二/118
居莫若俭/九/14
居上克明/一/28
居上位而不骄/十/147
居上者不以至公理物/二/14
居天下之乐者/一/325
居天下之人/三/69
居同乐/六/47
居下不可以为短/九/13
居心正而四维张/二/14
居移气/四/45
居则视其所亲/九/89

居之无倦/二/69
掬水月在手/十/80
鞠躬尽力/二/119
菊，花之隐逸者也/八/26
菊残犹有傲霜枝/八/19
菊花到死犹堪惜/八/25
菊气入新秋/八/19
菊为重阳冒雨开/八/128
菊迎秋节西风急/五/74
橘生淮南则为橘/六/139
橘柚生于江南/六/140
沮舍之下/九/27
举杯光可挹/十一/123
举杯邀明月/五/208
举不失德/三/21
举翅万余里/八/98
举大事必慎其终始/九/27
举大体而不论小事/一/28
举尔所知/三/21
举国而与之/二/57
举将而限以资品/三/22
举千人之所爱/三/61
举善而教不能则劝/二/72
举善而任之/三/22
举觞白眼望青天/十一/106
举世皆浊我独清/五/212
举世誉之而不加劝/五/275
举事不私/一/117
举手长劳劳/五/18
举天下惟法之知/一/104

举天下以罚其恶/一/117
举天下以赏善者/一/117
举头红日近/七/27
举头日月中天近/七/27
举头望明月/五/74
举头自引刀/二/70
举网以纲/六/47
举枉错诸直/一/28
举秀才/五/276
举一隅不以三隅反/三/79
举直错诸枉/一/28
拒谏/一/34
俱怀逸兴壮思飞/十一/106
俱收并蓄/六/47
剧怜春雨江潭后/七/152
据沧海而观众水/六/48
距谏者塞/一/29
捐躯赴国难/二/119
涓流之水/三/69
娟娟花蕊红/八/44
娟娟戏蝶过闲幔/八/102
镌金石者难为功/六/49
卷地朔风沙似雪/七/153
卷帘山色入窗来/十/70
卷帘无奈燕还来/八/47
卷旗夜劫单于帐/二/88
倦病而不得息/一/253
倦立而思远/六/48
决东海之波/五/284
决狐疑者/六/170

决千金之货者不争铢两之价/
一/168

绝顶人来少/四/171

绝圣弃知/四/65

绝胜前村夜雪时/八/43

绝胜烟柳满皇都/八/58

掘井九轫而不及泉/六/48

爵不可以无功取/一/118

蹶而趋之/十一/58

军暴而后�之/一/227

军不五不战/一/227

军井成而后饮/一/243

军事未发/一/193

军无适主/一/227

军有归心/一/227

君不见，高堂明镜悲白发/
十/108

君不见高阳酒徒起草中/
十一/140

君不见管鲍贫时交/九/119

君不见黄河之水天上来/七/27

君不见今人交态薄/九/89

君不见满川红叶/五/130

君不见青海头/一/228

君不见曲如钩/五/276

君不见直如弦/五/276

君不择将/三/20

君臣有义/十/11

君臣遇合/一/29

君当作磐石/五/19

君非民不立/一/308

君行仁政/一/30

君君/二/70

君看老大逢花树/十/108

君看一叶舟/五/210

君门不可入/九/126

君命召/二/14

君人者/一/308

君仁/一/29

君使臣以礼/二/15

君听浊浪金焦外/四/12

君王舅子三公位/五/276

君王虽爱蛾眉好/五/173

君言似曲屈为钩/五/276

君义/一/29

君者/一/308

君之所以明者/一/30

君子安贫/十一/123

君子博学于文/三/100

君子不蔽人之美/九/28

君子不恶人/九/28

君子不镜于水而镜于人/十/147

君子不可小知/三/22

君子不器/三/100

君子不失足于人/十/147

君子不畏虎/九/126

君子不恤年之将衰/十一/86

君子不学/三/82

君子不以所能者病人/九/28

君子不以言举人/三/22

君子不怨天/十/148

君子不重则不威/一/30

君子成人之美/九/29

君子耻其言而过其行/九/29

君子崇人之德/九/29

君子淡以成/九/92

君子淡以亲/九/90

君子当有所好恶/九/30

君子得时则大行/九/30

君子独立不惭于影/十/148

君子防未然/六/48

君子固穷/十/148

君子行义/十/156

君子和而不同/九/30

君子怀德/十/149

君子怀刑/十/149

君子惠而不费/十/149

君子忌苟合/九/90

君子交绝/九/90

君子交有义/九/90

君子矜而不争/九/31

君子进德修业/十一/64

君子可以寓意于物/十/149

君子可招而不可诱/十一/9

君子乐得其道/九/31

君子名之必可言也/一/31

君子莫大乎与人为善/九/31

君子谋道不谋食/十/150

君子溺于口/九/146

君子千里同风/四/65

君子求诸己/九/32

君子人与/十/155

君子上达/九/32

君子上交不谄/九/90

君子慎其独也/十/150

君子慎始而无后忧/九/32

君子食无求饱/十/150

君子使物/九/32

君子思不出其位/九/33

君子思义而不虑利/九/33

君子死知己/四/12

君子虽在他乡/二/119

君子泰而不骄/九/33

君子坦荡荡/十/151

君子为国/一/118

君子无所不用其极/六/49

君子无所争/二/15

君子务本/一/31

君子务知大者远者/九/34

君子贤而能容罢/十/151

君子相送以言/九/34

君子小人本无常/九/34

君子修道立德/十/187

君子学道则爱人/二/16

君子扬人之善/九/34

君子养心莫善于诚/十/152

君子以文会友/九/91

君子义以为质/二/16

君子用人如器/三/23

君子忧道不忧贫/十/152

君子有九思/九/35

君子有三变/十/153

君子有三戒/九/35

君子有三乐/九/36

君子有三乐/十/153

君子有三畏/九/36

君子有三言可贵而佩之/十/153

君子有三忧/九/37

君子有终身之忧/九/37

君子于其所不知/三/101

君子于其言/九/37

君子与君子以同道为朋/九/91

君子欲讷于言而敏于行/九/38

君子喻于义/二/16

君子贞而不谅/二/70

君子之德风/十/154

君子之过也/十/154

君子之怀/二/17

君子之交淡如水/九/91

君子之接如水/九/92

君子之仕/十一/9

君子之学/三/101

君子之学也/三/101

君子之言/九/38

君子之于禽兽也/二/17

君子之于子/三/102

君子之泽/六/49

君子周而不比/十/155

君子周急不继富/九/38

君子尊贤而容众/九/39

君自故乡来/五/75

峻法严刑/一/118

K

开拆远书何事喜/五/314

开春理常业/一/168

开门半山月/十/61

开门复动竹/九/92

开琼筵以坐花月/五/314

开轩面场圃/十/81

铠甲生虮虱/一/228

慨当以慷/五/212

堪笑牡丹如斗大/八/26

坎井之蛙离其居/六/157

槛外低秦岭/四/170

看花一醉别/五/114

看花饮美酒/十/81

看是寻常最奇崛/十二/57

慷慨歌谣绝不传/十二/57

慷慨惟平生/十一/50

糠和米本是两倚依/十/19

考绩必以岁月/三/63

考绩进秩/三/60

苛政猛于虎也/五/277

科头箕踞长松下/十一/123

可爱深红爱浅红/八/57

可恨相逢能几日/五/212

可怀以德/一/31

可堪孤馆闭春寒/五/212

可怜白发生/二/121
可怜汾上柳/八/26
可怜今夜月/七/90
可怜九月初三夜/七/90
可怜身上衣正单/五/213
可怜师六出/四/12
可怜万国关山道/一/228
可怜无定河边骨/一/228
可怜夜半虚前席/四/12
可怜一片秦淮月/四/13
可欺当世之人/六/50
可使寸寸折/十一/9
可死而不死/二/62
可惜不当湖水面/七/27
可以俯仰/四/167
可以托六尺之孤/十/155
可以侥幸一时/一/80
可意湖山留我住/五/126
可用而不可恃也/一/248
可与共患难/十/20
可与言而不与之言/九/39
可则因，否则革/一/31
渴不饮盗泉水/十一/10
克己复礼为仁/二/18
克勤于邦/五/277
刻薄成家/十/20
刻鹄不成尚类鹜/六/140
客愁浑几许/五/213
客愁旧岁连新岁/五/126
客行虽云乐/五/76

客里愁多不记春/五/213
客路那知岁序移/五/214
客散酒醒黄昏后/十/94
客散青天月/四/13
客舍并州已十霜/五/75
客舍休悲柳色新/九/92
客心惊落木/五/154
客子多悲伤/五/68
客子光阴诗卷里/三/102
坑灰未冷山东乱/四/14
空村唯见鸟/一/229
空怀向日之心/五/174
空将未归意/五/76
空山不见人/七/28
空山新雨后/七/28
空手无壮士/五/214
孔雀东南飞/八/103
孔子成《春秋》/十二/58
口辩者其言深/十二/11
口惠而实不至/九/39
口惠之人鲜信/二/71
口慧之人无必信/二/68
口能言之/五/277
口谈道德，而心存高官/九/126
口谈道德，而志在穿窬/九/128
口妄言则乱/九/46
口衔山石细/十一/87
口言善/五/277
口则务在明言/十二/11
叩门无人室无釜/一/229

140

枯木朽株/三/23

枯桑知天风/四/109

枯藤老树昏鸦/五/154

苦恨年年压金线/五/214

苦身为非者/一/119

苦身为善者/一/119

苦遭白发不相放/十/108

库无备兵/一/229

夸而有节/十二/11

快磨三尺剑/五/277

快然自足/五/311

快须臾之欲/十/28

脍鲤月隽胎鱼/十/57

宽不可激而怒/十/156

宽心应是酒/十二/12

宽一分/二/53

宽以济猛/一/32

宽则得众/一/32

狂风落尽深红色/四/109

狂歌得形胜/十一/123

狂随柳絮有时见/八/103

狂者进取/十一/10

旷野看人小/七/28

况屈指中秋/四/109

况属高风晚/五/60

窥窗映竹见玲珑/八/2

揆材各有用/六/22

揆古察今/六/50

葵叶为谁倾夕阳/八/24

夔府孤城落日斜/二/120

溃痈虽痛/六/50

昆弟世疏/九/127

昆山玉碎凤凰叫/十二/58

困顿东风倦翼低/八/88

困而不学/三/117

困而学之/三/117

困鸟依人/九/40

困人天气近清明/四/109

困煞中原一布衣/五/184

困兽犹斗，况人乎/九/40

困兽犹斗，穷寇勿遏/一/229

困鼠鸣虚壁/一/229

L

腊后花期知渐近/八/26

蜡烛有心还惜别/五/126

来百工也也/一/17

来而不往/二/20

来归相怨怒/十/205

来去逐轻舟/八/35

来日苦短/十一/64

来日绮窗前/五/75

来如雷霆收震怒/十二/58

赖是丹青无画处/十/62

兰可燔而不可灭其馨/十一/4

兰陵美酒郁金香/十一/124

兰秋香不死/八/27

兰生幽谷/十/156

兰亭也/六/140

兰溪三日桃花雨/八/103

懒向春风竞颜色/八/27

郎骑竹马来/五/25

廊庙之材/六/50

廊腰缦回/四/181

朗如日月/五/278

朗月当空挂/四/65

浪花有意千里雪/七/29

浪起白鸥沉/八/133

浪生溢浦千层雪/七/29

劳臣不赏/一/119

劳而不伐/十/156

劳苦之事则争先/十/156

劳其形者长年/四/194

劳心者治人/一/32

劳于读书/十二/12

老病逢春只思睡/十/108

老病忌拘束/十/109

老不拘礼/二/18

老当益壮/十一/87

老而不教/三/115

老而不死/五/302

老而好学/三/115

老而谢事/二/18

老而学者/三/144

老骥伏枥/十一/87

老骥思千里/十一/88

老健春寒秋后热/十/109

老来行路先愁远/五/214

老来疾痛都是壮时落的/十/109

老来万事付无心/十/109

老牛粗了耕耘债/七/180

老去悲秋强自宽/十/109

老去不知花有态/十/110

老去读书随忘却/五/314

老去多悲事/十/110

老去更无儿在膝/五/215

老去恨春迟/十/110

老去怕看新历日/十/110

老去一身须爱惜/十/111

老冉冉其将至兮/十一/65

老少同一死/十一/35

老生之常谈/五/278

老树呈秋色/四/110

老树春深更著花/八/5

老吾老/一/33

老有所终/一/33

老者安之/二/71

老子偷瓜盗果/三/102

乐，成民之俗也厚/二/20

乐不可极，极乐成哀/九/40

乐不可极/九/2

乐攻其恶者难/十/31

乐极生悲/六/51

乐骄乐/十/183

乐节礼乐/十/183

乐民之乐者/一/34

乐莫乐于还故乡/五/312

乐莫善于如意/五/314

乐其所成/六/17

乐人之乐/九/40

乐天知命/九/41

乐听其音/四/54

乐闻过/一/34

乐以天下/一/34

乐以移风易俗/二/59

乐亦在其中矣/十/138

乐易者常寿长/四/194

乐饮过三爵/十/62

乐哉新相知/五/215

了却君王天下事/二/121

雷惊天地龙蛇蛰/四/110

雷声千嶂落/七/117

磊落星月高/七/90

泪眼问花花不语/五/154

累累花下坟/五/215

冷露滴梦破/五/215

冷露无声湿桂花/八/134

冷烛无烟绿蜡干/八/27

离别永无会/十/20

离愁渐远渐无穷/五/127

离恨恰如春草/五/127

离家日趋远/五/76

离离原上草/八/28

离心不异西江水/五/127

梨花白雪香/八/31

梨花梅花参差开/八/72

梨花千里雪/八/28

梨花千树雪/八/28

梨花院落溶溶月/七/91

礼，当论其是非/二/19

礼，防民之欲也周/二/20

礼，与其奢也/二/23

礼不妄说人/二/18

礼不下庶人/二/19

礼从宜/二/19

礼丰义重/一/165

礼贵从宜/二/20

礼禁未然之前/一/119

礼乐，治民之具也/二/23

礼乐为本/一/120

礼尚往来/二/20

礼失而求诸野/二/21

礼所以定其位/二/21

礼所以决嫌疑/二/21

礼无不敬/二/22

礼以顺人心为本/二/22

礼义生于富足/二/22

礼有必隆/二/22

礼有经/二/23

礼与法/一/35

礼者/二/24

礼之大本/二/24

礼之用/二/24

礼之正国/二/25

礼之至者无文/二/25

李白乘舟将欲行/五/127

李白一杯人影月/十二/59

李白一斗诗百篇/十一/106

李杜文章在/十二/59

李下不整冠/九/20
理国要道/一/120
理国以得贤为本/一/35
理乱在上也/一/35
理平者先仁义/一/36
理人为循吏/三/24
理丝入残机/五/19
力拔山兮气盖世/五/174
力敌/一/207
力行近乎仁/二/10
力可以得天下/一/308
力能排天斡九地/五/278
力能则进/九/41
力胜其任/六/51
力田不如逢年/十一/35
力则力取/一/230
力足以举千钧/六/51
厉法禁/一/121
立大事者/十一/140
立法贵严/一/120
立法设禁而无刑以待之/一/120
立片言而居要/十二/12
立其子/三/5
立身必由清谨/九/41
立身成败/四/45
立身行道/二/71
立武以威众/一/121
吏不良/一/121
吏不畏吾严/二/25
吏肃惟遵法/一/36

利而诱之/一/230
利莫大于治/一/36
利少而义多/二/26
利于国者爱之/二/120
利之所在上/十/21
利之所在，天下趋也/一/169
利之中取大/九/41
枥上骓骝嘶鼓角/二/120
苙官之要/二/26
笠泽茫茫雁影微/七/29
连峰去天不盈尺/七/29
连郊瑞麦青黄秀流/七/180
连林人不觉/八/28
怜君白面一书生/五/174
怜君一见一悲歌/十/111
帘外春风杜若香/八/7
帘外轻阴人未起/七/153
帘外雨潺潺/四/110
帘虚日薄花竹静/四/110
莲，花之君子者也/八/26
莲开水上红/八/105
敛尽春山羞不语/十/197
敛之于饶/一/169
练衣挂石生幽梦/十/81
良辰美景奈何天/五/256
良工之子必先为箕/六/52
良弓难张/三/24
良贾深藏如虚/十/157
良剑期乎断/六/52
良将不怯死以苟免/十一/10

良骏败于拙御/六/52

良马不念秣/十/157

良马非独骐骥/六/53

良马难乘/三/24

良农不以水旱不耕/一/169

良时不再至/五/128

良田无晚岁/十一/140

良药苦口，惟疾者能甘之/四/195

良药苦口而利于病/四/195

良药苦于口/四/195

良医不能措其术/四/195

良医不能救无命/六/53

良医服百病之方/四/196

良医之门多病人/四/196

良玉不雕/六/141

良玉度尺/六/53

良珠度寸/六/53

凉风起天末/九/93

凉风绕曲房/八/103

凉州七里十万家/七/153

梁燕不知人事改/八/103

梁园日暮乱飞鸦/一/230

梁园虽好/五/76

梁苑城西二十里/八/29

两岸荔枝红/七/180

两岸青山相对出/七/29

两岸山花似雪开/七/180

两岸为谷/十一/36

两岸晓霞千里草/十/62

两岸杨花风作雪/八/29

两岸猿声啼不住/七/80

两般犹未毒/十/13

两豆塞耳/六/112

两朵隔墙花/五/19

两个黄鹂鸣翠柳/八/104

两虎相斗/六/54

两家秋雨一家声/八/24

两坚不能相和/六/54

两间东倒西歪屋/十一/157

两京锁钥无双地/四/153

两京巡省非行幸/一/37

两两三三白鸟飞/八/104

两怒必多溢恶之言/九/42

两情若是久长时/五/19

两刃相割/六/54

两水夹明镜/十/62

两喜必多溢美之言/九/42

两雄不俱立/六/55

两纸京书临水读/五/315

靓妆眉沁绿/十/196

量才而受爵/一/36

量力而动/九/42

量力而行之/九/15

量力而任之/三/25

量其当否/三/25

疗饥于附子/六/55

疗饥者半菽可以充腹/一/37

聊题一片叶/五/250

撩乱边愁听不尽/五/76

撩乱春愁如柳絮/五/215

撩乱客心眠不得/十二/59

潦水尽而寒潭清/七/30

蓼岸风多橘柚香/七/30

料得年年断肠处/十/21

料峭春风吹酒醒/四/110

廖落古行宫/四/172

列宅紫宫里/四/172

烈烈悲风起/五/128

烈士不欺人/二/72

烈士不忘死/二/70

烈士暮年/十一/87

邻富鸡长往/九/127

邻国相望/四/65

邻曲时时来/七/181

林暗草惊风/二/89

林断山更续/七/30

林寒正下叶/七/181

林花落处频中酒/五/155

林花扫更落/八/29

林花谢了春红/五/155

林花著雨燕支湿/八/29

林茂鸟知归/八/119

林密鸟声幽/八/116

林深则鸟栖/二/26

林疏放得遥山出/七/30

林无静树/六/141

林莺啼到无声处/八/104

林幽鸟任歌/八/113

林中不卖薪/一/169

林中多疾风/十/21

临财毋苟得/十一/11

临大节而不可夺也/十/155

临大事而不乱/九/42

临官莫如平/十/157

临行而思/九/43

临行密密缝/十/6

临河濯长缨/五/123

临祸忘忧/六/55

临利害之际/九/43

临难忘身/二/59，十一/11

临清风/五/315

临事不信于民者/三/25

临水不敢照/十/111

临水朱门花一径/七/154

临死修善/九/43

临危而智勇奋/十一/11

临溪而渔/五/315

临义而思利/二/26

临渊羡鱼/六/55

临战而思生/一/230

临之以庄则敬/二/72

辚辚大车/十/63

鳞鳞远峰见/七/30

灵丹一粒/十二/12

灵虬避难/六/168

灵山多秀色/七/31

凌波不过横塘路/五/20

凌厉越万里/十/63

凌烟阁上人/五/174

凌余阵兮躐余行/一/231

陵人者人亦陵之/九/70
菱叶故穿萍/八/31
羚羊挂角/十二/12
零落残红绿沼中/八/19
零落残云片/七/131
零落成泥碾作尘/八/30
岭树重遮千里目/五/216
岭下看山似伏涛/六/56
领如蝤蛴/十/197
令行禁止/一/122
令苟则不听/一/121
令在必信/一/122
令者，所以教民/一/122
令之不行/一/122
令重于宝/一/123
刘郎已恨蓬山远/五/20
留得林梢一抹红/八/97
留得青山在/六/56
留连戏蝶时时舞/八/105
留意于孔孟之间/三/103
留意于言/九/43
留与人间作画屏/八/3
流波激清响/八/99
流波将月去/七/91
流到瓜洲古渡头/七/3
流而不返者/十/158
流光容易把人抛/八/30
流水不腐/六/141
流水断桥芳草路/七/181
流水何太急/五/216

流水落花春去也/五/155
流水如有意/七/31
流水小桥山下路/四/111
流丸止于瓯臾/九/44
流响出疏桐/八/91
流莺百啭最高枝/八/114
流莺不许青春住/五/155
流长则难竭/六/56
骝马新跨白玉鞍/一/231
柳垂江上影/八/30
柳垂平泽雨/七/117
柳甸惊初叶/八/38
柳花飞入正行舟/十/63
柳花还漠漠/八/105
柳花闲度竹/八/31
柳结浓烟花带重/八/14
柳绿更带朝烟/八/55
柳色孤城里/四/111
柳色黄金嫩/八/31
柳色看犹浅/八/31
柳梢含绿认春归/八/37
柳梢听得黄鹂语/八/105
柳丝袅袅风缲出/八/31
柳丝如剪花如染/八/32
柳塘春水漫/四/111
柳卧水声中/八/20
柳眼梅腮/四/119
柳叶开时任好风/八/37
柳叶乱飘千尺雨/八/32
柳阴小艇无人管/四/111

柳枝经雨重/八/32

六朝金粉地/四/14

六朝旧事随流水/四/14

六朝文物草连空/四/14

六出飞花入户时/四/111

六经之治/一/231

六军将士皆死尽/一/231

六亲不和/四/57

六月青稻多/七/181

龙欲升天须浮云/三/25

笼天地于形内/十二/13

陇雨耕时大/一/232

楼船夜雪瓜洲渡/一/232

楼阁九衢春/四/154

楼观沧海日/四/172

楼观岳阳尽/七/31

楼前绿暗分携路/五/128

楼上黄昏杏花寒/七/91

楼台处处迷芳草/四/172

楼台旧地牛羊满/四/15

楼外凉蟾一晕生/七/91

楼下长江百丈清/七/31

楼倚春江百尺高/四/173

楼倚霜树外/七/31

卢狗悲号/三/31

庐山东南五老峰/七/32

虏地山川壮/七/154

路逢相识人/五/216

路见不平/十一/11

路漫漫其修远兮/二/121

路衢唯见哭/一/258

路危行木杪/七/32

路有饥妇人/一/204

路远梦魂飞不到/五/21

路长唯算月/一/232

鹭飞林外白/八/105

露从今夜白/五/77

露带山花落/八/33

露花疑濯锦/七/92

露凝千片玉/七/131

露凝无游氛/七/131

露浓山气冷/八/106

露泣连珠下/七/131

露湿寒塘草/七/132

露湿鸥衣白/八/106

露重飞难进/八/106

鸾凤食粒于庭/六/57

卵待复而为雏/三/103

乱定几人还本土/一/233

乱花渐欲迷人眼/八/34

乱来人不到/一/233

乱山残雪夜/五/216

乱生于化/六/65

乱条犹未变初黄/五/278

乱我心者今日之日多烦忧/五/222

乱鸦毕竟无才思/八/107

乱鸦投落日/八/107

乱云低薄暮/四/113

乱者思理/一/37

乱之所生也/九/44

伦常乖舛/十/20

论大功者不录小过/三/26

论逆顺不论成败/九/10

论其世也/十二/69

论轻重/六/57

论如析薪/十二/13

论山水/十二/59

论事易难/九/44

论说之出/十二/13

论万世不论一生/九/10

论先后/六/57

论之应理/十二/13

论至德者不和于俗/一/37

罗衣何飘飘/十/198

洛阳城东桃李花/八/35

洛阳城里春光好老/五/77

洛阳城里花如雪/四/154

洛阳城里见秋风/五/77

洛阳东风几时来/四/114

洛阳亲友如相问/十一/157

洛阳三月花如锦/四/154

落地为兄弟/十/21

落红不是无情物/八/35

落红满路无人惜/五/155

落花不解留春住/五/155

落花朝满岸/四/114

落花寂寂啼山鸟/四/114

落花满春光/四/114

落花满春水/八/35

落花人独立/五/21

落花如有意/八/35

落花溪水香/八/121

落尽梨花春又了/四/114

落尽最高树/十一/12

落木千山天远大/七/33

落难之中无一人/九/125

落其实者思其树/六/57

落日楚天无际/十/82

落日川渚寒/五/128

落日动离魂/五/129

落日孤舟去/五/129

落日胡尘未断/五/175

落日见秋草/五/217

落日鸟边下/七/92

落日千帆低不度/七/33

落日送归鸿/七/92

落日下河源/七/154

落日心犹壮/十/111

落日照大旗/七/154

落日照秋山/七/92

落蕊飘风去/四/115

落蕊犹收蜜露香/八/131

落时犹自舞/八/36

落霞与孤鹜齐飞/四/115

落陷阱/九/127

落絮无声春堕泪/八/36

落叶何翩翩/八/45

落叶他乡树/五/217

落叶西风时候/四/115

落叶知流水/四/65
落月低轩窥烛尽/五/217
闾庭多落叶/四/111
履虽新/六/30
律设大法/一/123
虑不先定/一/233
虑得分日智/六/1
虑而后行/九/14
虑善以动/九/44
虑深远/六/104
虑事而当/三/26
虑熟谋审/六/57
率土之滨/一/43
绿遍山原白满川/八/106
绿池落尽红蕖却/四/122
绿窗明月在/四/15
绿垂风折笋/八/33
绿荷多少夕阳中/四/112
绿罗剪作三春柳/四/112
绿满山原白满川/四/112
绿树村边合/七/181
绿树连村暗/四/112
绿树偏宜屋角遮/七/32
绿树阴浓夏日长/四/112
绿树枝头一线红/八/127
绿水逶迤去/七/32
绿筱媚清涟/八/2
绿杨白鹭俱自得/四/113
绿杨楼外出秋千/七/145
绿杨烟外晓寒轻/八/33

绿杨荫里白沙堤/八/85
绿杨枝上啭黄鹂/四/113
绿杨著水草如烟/八/33
绿蚁新醅酒/十/81
绿阴不减来时路/四/113
绿阴生昼静/四/113
绿竹含新粉/八/34
绿竹入幽径/八/34

M

马不必骐骥/六/166
马逢伯乐而嘶/九/93
马行边草绿/一/233
马疾过飞鸟/八/107
马毛缩如蝟,角弓不可张/
七/150
马上相逢无纸笔/五/77
马思边草拳毛动/十一/88
马踏春泥半是花/四/116
马危千仞谷/十/63
马先驯而后求良/二/72
马效千里/三/26
霾两轮兮絷四马/一/233
买马不论足力/六/58
买薪须论斤/五/217
买玉不论美恶/六/58
麦风初暖燕争垒/四/116
麦随风里熟/四/116
满城风雨近重阳/四/116

满城尽带黄金甲/八/11
满城明月梨花/四/154
满地残阳/四/114
满地梨花昨夜风/八/41
满地芦花和我老/二/121
满地新蔬和雨绿/四/116
满地榆钱/五/156
满阶芳草绿/八/36
满目山河空念远/十一/124
满盛之家/十/22
满眼不堪三月暮/四/116
满眼儿孙满檐日/七/182
满眼儿孙身外事/十/112
满眼青山恨西照/五/218
满眼青山未得过/十/112
满眼游丝兼落絮/四/117
满园深浅色/四/132
满院落花帘不卷/五/218
满院落梅香/四/117
满载一船明月/七/92
满招损/十/158
漫漫平沙走白虹/七/33
漫漫秋夜长/五/156
慢藏诲盗/六/58
慢人者/九/45
忙忙如丧家之狗/六/141
盲人骑瞎马/六/142
莽莽万重山/四/154
毛羽不丰满者不可以高飞/一/38
茅屋深藏人不见/七/182

茅檐二日萧萧雨/八/37
茅檐日出胜重裘/十一/36
茂林之下无丰草/六/58，
六/142
眉将柳而争绿/十/197
眉睫之前/十二/41
眉如翠羽/十/197
梅萼破香知腊近/八/37
梅花开后无消息/五/21
梅花落处疑残雪/八/37
梅花落尽桃花小/八/37
梅花如雪柳如丝/五/218
梅花入梦香/八/84
梅花眼中春/五/218
梅花竹里无人见/八/37
梅郊落晚英/八/38
梅破知春近/八/58
梅谢雪中枝/八/30
梅须逊雪三分白/八/38
梅子黄时日日晴/十/82
梅子流酸溅齿牙/八/38
每愤胡兵入/二/122
每日十条线/四/66
美不常珍/六/100
美不自美，因人而彰/六/59
美目扬玉泽/十/198
美女破舌/一/38
美女入室/九/127
美人卷珠帘/五/22
美人恐惊去/八/114

美味腐腹/六/59

美味期乎合口/六/59

门不夜关/四/45

门内有君子/九/93

门外韩擒虎/五/278

门外绿杨风后絮/八/40

门外若无南北路/五/129

门掩落花人别后/五/129

蒙蒙乱扑行人面/八/8

朦胧数点斜阳里/八/107

猛虎在山/一/39

猛虎在深山/三/27

猛虎之犹豫/六/59

猛将怀暴怒/一/212

猛石可裂不可卷/十一/12

猛兽不群/三/27

猛志逸四海/十一/88

孟贲之倦也/六/66

孟冬寒气至/四/117

梦断香消四十年/五/218

梦回愁对一灯昏/五/219

梦魂知忆处/五/78

梦觉隔窗残月尽/七/93

梦里不知身是客/五/219

梦怕愁时断/五/219

梦绕边城月/五/78

梦为远别啼难唤/五/22

梦中许人/二/73

迷而知返/十/158

迷惑失故路/五/231

麋鹿成群之/六/60

靡不有初/五/279

泌之洋洋/十一/156

密林含余清/七/34

免撩蜂与蝶/八/74

沔彼流水/七/34

面结口头交/九/128

面相不如心相/九/93

面誉者不忠/二/73

渺渺孤城白水环/四/155

妙不可尽之于言/十二/14

妙手何人为写真/十二/14

灭祸不自其基/六/79

灭烛怜光满/五/78

阃内不理/十/24

民安居足食/一/39

民安土重迁/一/309

民背如崩/一/309

民不服吾能/二/25

民不可与虑始/一/39

民不畏死/四/66

民存则社稷存/一/309

民恶贫贱/一/170

民恶忧劳/一/170

民弗为用/一/234

民各有心/一/309

民寡则用易足/一/170

民归之/一/39

民何贵/一/12

民可使由之/一/40

民贫则奸邪生/一/40

民少官多/五/279

民俗既迁/四/46

民罔常怀/一/310

民望之若大旱之望云霓/一/310

民为贵/一/310

民为国本根/ /311

民为国基/一/311

民惟邦本/一/311

民未知礼/二/26

民习礼义/二/27

民心说而天意得/一/312

民心无常/一/311

民以食为天/一/312

民亦劳止/一/312

民者/一/312

民枕倚于墙壁/一/234

民之所恶/一/40

民之所好/一/40

民之所以战者/一/307

民知有所不可/一/313

民至老死不相往来/四/65

民足则怀安/一/313

敏而好学/三/103

敏捷诗千首/十二/14

敏于事而慎于言/十/150

名不正/一/40

名高毁所集/六/60

名花倾国两相欢/十/198

名为山人/九/128

名为治平无事/一/61

名无固宜/六/60

名也者/四/66

名之所存/九/128

明必死之路/一/123

明大数者得人/一/313

明断少而外言入/九/45

明断自天启/四/15

明发又为千里别/五/130

明法制/一/123

明湖映天光/七/34

明鉴所以照形/六/61

明镜所以鉴形者也/六/61

明明如月/三/27

明年此会知谁健/十/112

明其为贼/一/234

明日黄花/十一/12

明是一盆火/五/279

明有所不见/六/61

明于古今/一/41

明月别枝惊鹊/七/93

明月不谙离恨苦/五/22

明月澄清景/七/93

明月出天山/七/93

明月何皎皎/五/78

明月几时有/七/94

明月皎皎照我床/五/23

明月皎夜光/八/108

明月净松林/七/94

明月楼高休独倚/五/23

明月满江人不见/七/94
明月秋风洞庭水/七/34
明月却多情/七/94
明月松间照/七/35
明月夜/十/21
明月隐高树/七/94
明月有情还约我/七/94
明月照高楼/七/95
明月照积雪/四/117
明月自来还自去/四/16
明者不违道以干非/二/100
明者防祸于未萌/九/45
明者见于无形/六/62
明者因时而变/十一/65
明者远见于未萌/二/89
明治病之术者/四/196
明智之所求者/三/124
明珠交玉体/十/198
明主不厌人/六/31
明主思短而益善/一/41
明足以察秋毫之末/六/51
螟蛉有子/八/108
命如叶上露/四/66
摩挲数尺沙边柳/三/28
磨揉迁革/三/98
末大必折/六/142
陌上归心无产业/一/235
陌上花开蝴蝶飞/四/16
莫被泥沙污雪衣/八/93
莫愁前路无知己/十一/141

莫春者/十/83
莫道不消魂/五/156
莫道男儿心如铁/五/130
莫道人行早/九/46
莫道桑榆晚/十一/89
莫道韶华镇长在/十一/65
莫道无人能报国/二/89
莫等闲/十一/65
莫放春秋佳日过/十/82
莫见长安行乐处/十一/66
莫将边地比京都/七/155
莫将愁绪比飞花/五/219
莫将戏事扰真情/六/62
莫将心事厌长沙/十一/124
莫轻小恶/四/67
莫轻小善/四/67
莫说长江限南北/四/16
莫思身外无穷事十一/125
莫听声声催去棹/五/130
莫嫌举世无知己/九/128
莫嫌一点苦/五/15
莫言春色无人赏/七/182
莫言归去无人伴/十一/125
莫言下岭便无难/七/35
莫言炙手手可热/五/279
莫倚儿童轻岁月/十一/66
莫倚高枝纵繁响/八/108
莫知其子之恶/三/104
莫奏开元旧乐章/四/16
蓦然回首/五/56

漠漠帆来重/十/64
漠漠轻寒上小楼/四/117
漠漠水田飞白鹭/八/109
墨池如江笔如帚/十二/60
默而当/九/69
谋臣良将/三/28
谋得于帷幄/八/62
谋莫难于周密/六/62
谋未发而闻于外则危/九/46
谋无不当/九/46
谋无主则困/六/63
谋先事则昌/六/63
谋小仁者/二/27
谋泄者事无功/一/41
牡丹，花之富贵者也/八/26
牡丹一日红/四/74
木从绳则正/一/41
木落山觉瘦/四/118
木落雁南度/四/118
木落知寒近/七/35
木受绳则直/三/104
木无本必枯/六/63
木欣欣以向荣/八/38
木秀于林/九/129
目不能两视而明/三/104
目察秋毫之末/六/142
目极千里兮伤春心/五/79
目见百步之外/六/63
目尽南飞雁/五/79
目能察黑白/十/158

目穷鸟道青天远/十一/125
目濡耳染，不学以能/三/118
目擩耳染，不学以能/六/64
目失镜/二/27
目送归鸿/十/83
目送征鸿飞杳杳/十/83
目所不见/六/143
目妄视则淫/九/46
目限于所见/三/87
目中有疵/六/64
牧童归去横牛背/七/182
暮霭生深树/七/95
暮蝉不可听/五/130
暮春三月/七/155
暮从碧山下/七/132
暮景萧萧雨霁/七/118
暮色千山入/七/118
暮声杂初雁/四/118
暮天沙漠漠/七/155
暮雨朝云几日归/七/118
暮猿啼处三声绝/八/109
暮云空碛时驱马/七/155
暮云收尽溢清寒/七/95
暮作归云宅/四/173
那得长绳系白日/十一/66
那作商人妇/五/220
乃在无人乡/八/98
男大须婚/十/22
男儿爱后妇/十/22
男儿何必恋妻子/十一/89

男儿何不带吴钩/十一/89
男儿慷慨平生事/十一/89
男儿生世间/十一/90
男儿死耳/二/28
男儿西北有神州/十一/141
男儿志兮天下事止/十一/141
男耕女织/一/170
男解牵牛女能织/一/170
男女居室/十/23
男女授受不亲/二/28
男女同姓/十/23
南北东西春总好/十一/125
南朝四百八十寺/四/173
南朝天子爱风流/四/17
南登灞陵岸/一/235
南渡君臣轻社稷/五/280
南归路极天连海/五/79
南国有佳人/十/199
南人学问/三/77
南山栋梁益稀少/三/28
南山塞天地/七/35
南山与秋色/七/35
南轩面对芙蓉浦/七/36
南有乔木/五/23
南园桃李花落尽/四/118
难成而易败者/六/113
难得而易失者/十一/66
难得易失者/十一/67
难行之言/十/159
难将一人手/五/280

难为桃李颜/八/53
囊中恐羞涩/五/220
恼人天气又春阴/四/118

N

内不自以诬/二/84
内称不辟亲/三/28
内诲于家/一/42
内疾之害重于太山而莫之避/四/199
内坚刚而外温润/十一/15
内库烧为锦绣灰/一/235
内省不疚/十/159
内视之谓明/九/17
嫩于金色软于丝/八/76
嫩竹犹含粉/八/39
能爱邦内之民者/二/28
能薄操浊/五/168
能备患于未形也/一/42
能不称其位/三/10
能称其事/六/51
能除患则为福/六/64
能而示之不能/一/198
能改则瑕可为瑜/十二/14
能进贤者/三/37
能近取譬/二/29
能理乱丝/三/104
能柔能刚/一/270
能胜强敌者一/236

能为人则者/一/42

能向花前几回醉/十一/125

能信/十/159

能修其身/十/159

能者进而由之/三/29

能者之相见也/九/104

能治人/一/42

能周小事/六/65

能自治/一/42

泥融飞燕子/八/110

泥上偶然留指爪/十一/39

霓裳一曲千门锁/四/17

拟把此情书万一/五/220

匿病者不得良医/四/196

溺于渊犹可缓也/一/84

年丰廉让多/二/29

年年点检人间事/九/129

年年江上无情雁/五/79

年年陌上生秋草/五/24

年年乞与人间巧/四/46

年年送客横塘路/十/64

年年岁岁花相似/十一/36

年年战骨埋荒外/一/236

年时俯仰过/十一/90

年在桑榆间/十/112

廿两棉花装破被/五/220

念尔零落逐寒风/八/68

念天地之悠悠/五/176

酿泉为酒/五/315

鸟道挂疏雨/七/36

鸟道盘空上/七/36

鸟飞村觉曙/八/110

鸟飞返故乡兮/五/80

鸟飞千点白/八/110

鸟飞云水里/八/110

鸟归沙有迹/八/111

鸟尽良弓藏/十/23

鸟鸣山更幽/八/90

鸟鸣嘤嘤/八/94

鸟能远飞/六/65

鸟栖林麓易/四/67

鸟穷则啄/九/129

鸟去鸟来山色里/七/36

鸟散余花落/八/131

鸟声云里出/八/111

鸟踏梅花落已频/八/127

鸟同翼者而聚居/六/143

鸟下绿芜秦苑夕/四/17

鸟向檐上飞/八/112

鸟宿池边树/八/111

鸟之将死/十/24

袅袅兮秋风/四/118

宁公而贫/二/29

宁可少活十年/五/280

宁可玉碎/十一/12

宁可枝头抱香死/八/39

宁为百夫长/十一/90

宁为鸡口/十一/13

宁为有闻而死/十一/90

宁为宇宙闲吟客/十一/158

宁我薄人/一/236

宁我负人/九/94

宁以义死/十一/13

宁用不材而旷职/五/280

宁用不材以败事/五/280

宁与燕雀翔/十一/13

凝霜依玉阶/五/148

凝云鼓震星辰动/一/236

牛刀可以割鸡/三/29

农，天下之本/一/172

农不出则乏其食/一/171

农夫去草/一/171

农夫心内如汤煮/五/268

农广则谷积/一/171

农事伤则饥之本/一/172

农务各自归/七/182

农月无闲人/五/220

农者，天下之本也/一/172

侬作北辰星/五/24

浓绿万枝红一点/八/39

秾丽最宜新著雨/八/39

弄日鹅黄袅袅垂/八/17

弄色奇花红间紫/八/16

驽马十驾/六/66

怒不过夺/九/47

怒发冲冠/五/220

怒则思理/十/160

暖风抽宿麦/一/236

暖风熏得游人醉/五/287

暖气潜催次第春新/十一/37

暖日晴风初破冻/四/119

暖日晴烟弄柳条/八/23

女大十八变/十/24

女娲炼石补天处/十二/60

女为悦己者容/九/97

女无美恶/十/24

女炫色则情放/九/55

女有余布/一/172

O

鸥边水叶开/八/128

偶经花蕊弄辉辉/八/117

偶然临险地/七/37

藕花无数满汀洲/八/61

P

爬罗剔抉/三/29

徘徊孤竹根/八/96

徘徊花上月/七/95

徘徊蹊路侧/五/140

徘徊望神州/二/122

攀龙鳞/十一/91

攀云弄明月/四/173

盘案互交错/十/64

盘石千里/一/43

彷徨忽已久/五/106

培塿无松柏/六/144

赔了夫人又折兵/六/143

娉娉袅袅十三余/十/199

平畴涨清波/七/183

平川沃野望不尽/七/183

平冈老木尚寒烟/八/99

平冈细草鸣黄犊/八/113

平湖漠漠雨霏霏/七/118

平湖三十里/四/121

平林漠漠烟如织/五/80

平明堤上柳/八/40

平明日出东南地/一/237

平明寻白羽/二/89

平沙列万幕/一/238

平山栏槛倚晴空/四/174

平生不解藏人善/九/47

平生不止酒/十/84

平生不作皱眉事/九/47

平生德义人间诵/十/161

平生塞北江南/十/113

平生闻高义/五/281

平芜尽处是春山/五/131

平芜万里无人去/七/37

平易恬淡则忧患不能入/十/161

凭君莫话封侯事/一/237

凭君莫射南来雁/五/81

凭谁问/五/175

屏风有意障明月/五/221

屏营衢路侧/五/128

萍散鱼时跃/八/113

萍水相逢/五/171

萍皱风来后/七/118

迫而察之/十/209

剖开顽石方知玉/三/30

剖心非痛/二/122

铺落花以为茵/八/40

葡萄美酒夜光杯/一/238

蒲柳之姿/十一/14

蒲苇纫如丝/五/19

朴素而天下莫能与之争美/六/66

浦树悬秋影/四/119

溥天之下/一/43

瀑布杉松常带雨/七/37

Q

七八个星天外/七/96

七十而从心所欲/三/129

七十战才余寸土/四/17

七十者可以食肉矣/一/69

妻贤夫祸少/十/25

妻子好合/十/26

凄凉一片秋声/四/105

凄凄岁暮风/四/119

萋萋总是无情物/四/119

齐桓九会/一/238

齐之无盐/六/118

其败也/九/16

其持之有故/九/47

其待人也轻以约/九/48

其行己也恭/二/74

其疾如风/一/239

其民智巧/一/43

其母好者其子抱/九/131

其奈无成空老去/十/113

其穷也不忧/十/161

其曲弥高/六/144

其人虽已没/四/30

其身不正/一/43

其身正，不令而行/一/43

其声呜呜然/十二/62

其始不立/一/44

其思之不深/三/127

其所不能/三/25

其所恶者/一/314

其所善者/一/314

其所以暗者/一/30

其所以见称于世者/九/131

其为人也孝弟/二/73

其心常清静/四/67

其言可信/三/30

其言之不怍/九/48

其养民也惠/二/74

其以止患/二/25

其责己也重以周/九/48

其择人宜精/三/30

其质至美/六/133

奇文共欣赏，疑义相与析/
七/181，十二/15

奇在速/一/239

其在釜下然/五/305

骐骥虽疾/三/31

骐骥一跃/六/66

骐骥长鸣/三/31

骐骥之踟蹰/六/59

骐骥之衰也/六/66

骑虎者/六/145

骑马莫轻平地上/六/67

乞火不若取燧/六/67

岂不罹凝寒/八/4

岂其才之巨小哉/六/150

岂无一时好/十一/34

岂曰无衣/二/123

企者不立/四/68

启奸邪之路/一/155

起居时/四/196

起来搔首/十/93

起来自擘纱窗破/十/95

起烟于寒灰之上/六/145

起坐失次第/五/136

气变知时易/四/120

气如兰兮长不改/十一/14

气盛/十二/15

气往铄古/十二/62

气蒸云梦泽/七/37

弃捐勿复道/五/35

弃我去者昨日之日不可留/
五/222

弃燕雀之小志/十一/91

泣尽继以血/五/222

碛冷唯逢雁/七/156

碛里征人三十万/五/91

器宝待人而后宝/六/145

器满则倾/六/67

千锤万凿出深山/十一/158

千村万落如寒食/一/239

千点暮山三楚尽/七/38

千朵万朵压枝低/八/22

千峰随雨暗/七/38

千峰笋石千株玉/四/86

千竿竹影乱登墙/八/75

千古风流歌舞地/四/155

千古艰难惟一死/四/18

千古兴亡多少事/四/18

千呼万唤始出来/十/200

千家帘幕春空在/四/155

千家山郭静朝晖/四/174

千金何足惜/三/31

千金散尽还复来/十一/126

千金未必能移性/二/30

千金之裘/六/67

千可以对万/二/94

千里不同风/四/46

千里鹅毛意不轻/九/131

千里而战/一/240

千里归来人事改/五/222

千里好山青入楚/七/156

千里嘉陵江水色/七/38

千里馈粮 /一/240

千里马常有/三/32

千里暮烟愁不尽/五/222

千里始足下/六/68

千里修书为一墙/九/48

千里曜戈甲/一/240

千里姻缘一线牵/十/26

千里莺啼绿映红/七/156

千里运粮/一/201

千里之堤/六/68

千里之行/六/32

千里之路/六/68

千门万户瞳瞳日/四/84

千磨万击还坚劲/十一/164

千年史册耻无名/二/123

千骑随风靡/一/239

千秋万岁后/十一/37

千秋万岁名/五/176

千人所指/六/69

千人同心/一/314

千人之诺诺/一/44

千人之众无绝粮/六/69

千山鸟飞绝/五/222

千山响杜鹃/八/122

千淘万漉虽辛苦/十一/142

千虚不如一实/六/69

千寻铁锁沉江底/四/19

千羊不能扞独虎/六/69

千羊之皮/一/44

千镒之裘/六/42

千章秀木黄公庙/四/174

千丈之堤/六/70

千嶂里/七/161

千枝攒万叶/八/74

阡陌交通/七/183

迁于乔木/八/90

牵牛织女遥相望/五/23

牵衣顿足拦道哭/一/241

铅刀贵一割/十一/101

谦谦君子/九/49

谦谦为人/十/161

褰裳赴镬/二/30

褰裳赴急/二/34

褰裳路踟蹰/五/81

前不见古人/五/176

前车覆/六/70

前车覆而后车不诫/六/70

前村深雪里/八/40

前峰月映半江水/四/175

前虑不定/六/70

前事昭昭/六/71

前事之不忘/六/71

前事之不远/六/71

前徒倒戈/一/241

钱财如粪土/二/30

钱到公事办/五/281

钱塘春色浓如酒/四/120

乾坤浮一气/七/39

乾坤噫气三百年/四/19

乾坤正赖英豪整/十一/91

潜移暗化/四/47

潜鱼触钓惊/八/132

潜鱼跃清波/八/113

黔首本骨肉/一/314

浅白深红/八/56

浅草才能没马蹄/八/34

慊慊思归恋故乡/五/29

羌笛吹他不下来/八/49

羌笛何须怨杨柳/五/81

羌管一声何处曲/八/114

羌管悠悠霜满地/五/82

强本而节用/一/44

强本节用/一/172

强宾不压主/九/132

强将下/一/241

强拈书信频频看/五/25

强弩之末/六/129

强学博览/三/105

强于心/一/194

强者不自勉/十一/142

强整娇姿临宝镜/十/200

强中更有强中手/九/49

墙高基下/六/71

墙头丹杏雨余花/八/40

墙头雨细垂纤草/四/120

墙头语鹊衣犹湿/七/119

墙有茨/五/282

蔷薇乱发多临水/八/114

蔷薇性野难拘束/八/40

樯出江中树/七/39

敲火煮茶歌白苎/十/88

乔木展旧国之思/五/82

荞麦花开白雪香/八/55

樵苏后爨/一/240

巧匠施工/六/145

巧笑倩兮/十/200

巧言令色/五/282

巧言如簧/五/282

巧诈不如拙诚/二/74

巧者善度/二/89

俏丽若三春之桃/十/201

翘思慕远人/十/13

且极今朝乐/十一/135

且教桃李闹春风/八/1

且就洞庭赊月色/十一/126

且乐杯中酒/十一/126

且乐生前一杯酒/十一/127

且吟王粲从军乐/十一/142

妾发初复额/五/25

妾身愿为梁上燕/五/25

妾心江岸石/五/25

妾心藕中丝/五/25

锲而不舍/六/72

锲而舍之/六/72

侵阶草色连朝雨/八/41

侵陵雪色还萱草/四/120

侵掠如火/一/241

亲而不信/六/120

亲朋无一字/十/113

亲戚不说/六/72

亲亲而尊尊/十/26

亲卿爱卿/五/25

亲仁善邻/一/242

亲贤臣/一/45

亲小人/一/45

秦桑低绿枝/八/67

秦失其鹿/一/45

秦时明月汉时关/一/242

秦王扫六合/五/283

秦医虽善除/四/200

禽将户内/一/242

禽声沉远木/八/114

勤劳之师/一/243

青，取之于蓝/六/146

青草池塘处处蛙/八/104

青春背我堂堂去/十/113

青春留不住/十/114

青春须早为/十一/67

青枫江上秋天远/五/131

青枫暝色/五/122

青归柳叶新/八/19

青海戍头空有月/七/157

青海长云暗雪山/四/155

青槐夹两道/十一/107

青笠红衫风雪里/十/84

青罗裙带展新蒲/八/3

青萝拂行衣/八/34

青梅如豆柳如眉/四/120

青鸟不传云外信/五/26

青鸟衔葡萄/八/114

青袍似春草/十/65

青萍一点微微发/六/72

青浦映水疏还密/七/39

青青河边草/八/41

青青河畔草，绵绵思古道／
五／26

青青河畔草，悠悠思古道／
八／41

青青弱草带斜桥／八／127

青青一树伤心色／五／132

青青子衿／五／26

青箬笠／十／85

青山不老／七／39

青山行不尽／七／41

青山横北郭／七／40

青山看不厌／十／85

青山缭绕疑无路／七／40

青山绿水／七／40

青山似欲留人住／七／41

青山是处可埋骨／十一／158

青山无限好／五／82

青山依旧在／四／23

青山隐隐水迢迢／七／157

青山欲共高人语／七／41

青山元不动／四／68

青山遮不住／六／146

青衫憔悴卿怜我／五／27

青松巢白鸟／八／115

青松盖不得／四／68

青苔石上净／八／41

青苔寺里无马迹／四／20

青苔依空墙／五／223

青天明月来几时／七／96

青条若总翠／八／42

青溪尽是辛夷树／五／283

青秧出水细如针／七／184

青蝇一相点／五／283

青云当自致／十一／92

青云衣兮白霓裳／二／123

轻薄桃花逐水流／八／12

轻目重耳之过／三／123

轻诺必寡信／四／68

轻其死／一／2

轻轻柳絮点人衣／八／13

轻死以行礼谓之勇／二／90

轻叶随风转／八／63

倾耳无希声／四／119，七／119

卿云烂兮／七／133

清风吹歌入空去／十二／62

清风动帘夜／七／132

清风朗月不用一钱买／七／132

清风两袖朝天去／十一／159

清风两袖去朝天／二／30

清风明月本无价／四／175

清风明月苦相思／五／27

清风明月无人管／七／58

清风明月休论价／五／223

清风破暑连三日／七／119

清风无力屠得热／七／132

清风徐来／七／119

清歌散新声／五／315

清官难断家务事／九／132

清江碧草两悠悠／五／82

清江一曲抱村流／七／184

清净本因心/八/11

清迥江城月/七/96

清露便教终夜滴/七/133

清明时节雨纷纷/四/121

清平之奸贼/五/283

清其流者/六/166

清气澄余滓/七/41

清禽百啭似迎客/八/115

清泉吐翠流/七/41

清泉自爱江湖去/七/42

清商随风发/十二/62

清声而便体/五/283

清时有味是无能/五/176

清霜醉枫叶/八/42

清水出芙蓉/十二/15

清香传得天心在/八/42

清香犹在野蔷薇/八/25

清香自满不因风/八/43

清心为治本/十一/14

清新庾开府/十二/63

清越而瑕不自掩/十一/15

清者不必慎/九/50

清真寡欲/十/162

清之为明/六/73

蜻蜓立钓丝/八/95

情多最恨花无语/五/223

情发于中/十/26

情面者/九/132

情难禁/五/27

情人眼里出西施/五/28

情人怨遥夜/五/28

情随事迁/十/27

情也者/十/42

情以物迁/十二/15

情欲信/十二/16

情知梦无益/五/28

情知言语难传恨/十二/63

晴川历历汉阳树/八/43

晴窗画出横斜影/八/43

晴虹桥影出/七/133

晴空一鹤排云上/十二/16

晴空一鸟渡/八/115

晴日暖风生麦气/四/121

晴丝千尺挽韶光/八/115

晴天孤鹤还/八/133

晴天摇动清江底/七/42

晴浴狎鸥分处处/八/116

晴云如擘絮/七/133

晴云似絮惹低空/七/133

请将须用激将法/六/73

请君试问东流水/五/126

请君暂上凌烟阁/五/176

请看今日之域中/五/284

请日试万言/十一/107

庆赏以劝善/一/124

馨南山之竹/五/284

穷达有命，吉凶由人/十一/127

穷达有命，亦又何求/十一/37

穷而思达/十/27

穷荒绝漠鸟不飞/七/157

穷寇勿迫/一/243

穷理之要/三/125

穷乃见节义/十一/15

穷年忧黎元/一/315

穷且益坚/十一/87

穷秋南国泪/五/83

穷天下之声/五/224

穷巷多怪/三/106

穷巷悄然车马绝/五/224

穷猿奔林/六/146

穷则变/六/73

穷则独善其身/十/162

穷则视其所不为/九/89

茕茕孑立/五/224

丘阜之木/六/156

丘陵学山而不至于山/三/75

丘山积卑而为高/六/73

丘园寂寞生春草/一/243

秋不得避阴雨/五/197

秋草不堪频送远/五/132

秋草人情日日疏/九/120

秋风吹白波/四/121

秋风吹不尽/五/28

秋风吹渭水/四/156

秋风片帆急/十/65

秋风起兮白云飞/五/157

秋风起兮木叶飞/八/116

秋风秋雨愁煞人/五/157

秋风人渡水/四/122

秋风万里动/四/122

秋风萧瑟/七/42

秋风萧瑟天气凉/五/157

秋毫之末/六/92

秋景有时飞独鸟/四/122

秋气堪悲未必然/四/122

秋容老尽芙蓉院/四/123

秋色连波/四/85

秋色无远近/四/123

秋山明净而如妆/四/93

秋山野客醉醒时/四/123

秋声万户竹/四/123

秋天万里一明月/七/96

秋香桂子寒/八/59

秋宵月色胜春宵/四/123

秋叶虽红不耐观/八/25

秋阴不散霜飞晚/四/123

秋雨一何碧/四/124

秋月扬明辉/四/94

求道者/三/106

求名莫如自修/十/162

求木之长者/一/45

求仁而得仁/二/31

求身而不以责下/十/146

求天下奇闻壮观/七/42

求田问舍/五/284

求贤如饥渴/三/32

求贤若不及/三/32

求则得之/九/50

求之而后得/六/74

屈平词赋悬日月/十二/63

屈平岂要江山助/十二/64
屈原放逐/六/101
曲岸马嘶风袅袅/五/132
曲尽不知处/十/201
曲径通幽处/四/175
曲妙人不能尽和/九/133
曲木恶直绳/一/124
曲如钩/五/305
曲生何乐/十一/15
曲士不可以语于道者/六/45
曲水临流/十/85
曲突徙薪无恩泽/九/133
曲者不能不讼/九/57
曲终过尽松陵路/五/132
曲终人不见/十/201，十二/64
曲终收拨当心画/十二/64
取次花丛懒回顾/十/27
取道者/三/106
取妻如何/四/43
取妻如之何/四/51
取士之方/三/32
取天下之财/一/182
取一文/二/53
娶媳求淑女/十/18
去国十年初避乱/五/83
去国衣冠有今日/五/83
去奸之本/一/137
去苛礼而务至诚/二/75
去民之患/一/315
去年花里逢君别/五/133

去年相送/五/133
去年元夜时/五/29
去甚去泰/九/50
去时只道从军乐/一/244
权，然后知轻重/六/74
全军为上/一/285
全胜不斗/一/244
全信者/一/256
全则必缺/六/146
荃者所以在鱼/六/147
泉涓涓而始流/八/38
泉清鳞影见/八/116
泉声觉渐多/八/31
泉声咽危石/七/43
犬吠寒烟里/八/117
劝君不用镌顽石/四/68
劝君更尽一杯酒/五/133
劝君金屈卮/五/133
劝君莫弹食客铗/十一/16
劝君莫惜金缕衣/十一/127
劝君莫饮无情水/六/74
劝君莫作亏心事/四/69
劝农节用/一/173
劝农桑/一/173
缺月挂疏桐/七/97
却过邻家屋上红/八/40
却将万卷平戎策/五/177
却看妻子愁何在/五/316
却看杨花自在飞/八/64
却绕井栏添个个/八/117

168

却是归鸿不能语/五/84

却望长安道/五/177

却下水晶帘/五/254

却嫌脂粉污颜色/十/194

却疑春色在邻家/八/96，八/101

却之不恭/二/31

鹊飞惊叶散/八/117

鹊飞山月曙/八/117

鹊乳先春草/八/117

群臣朋党/三/3

群居不倚/八/44

群居终日/五/284

群贤毕至/五/316

群燕辞归雁南翔/五/29

R

然而不王者/一/34

然无众毛之助/六/65

冉冉老将至/五/86

冉冉柳枝碧/八/44

染遍郁金枝/八/40

染于苍则苍/四/47

攘袖见素手/十/201

让礼一寸/二/31

让生于有余/一/173

绕郭荷花三十里/七/157

绕树三匝/三/67

人爱名与利/十一/159

人必知道而后爱身/二/31

人不敦庞/二/79

人不可以苟富贵/十一/16

人不肖而不敬/十/164

人不知而不愠/十/163

人臣事主/一/46

人处疾则贵医/四/197

人从虎豹丛中健/六/74

人待义而后成/二/3

人到愁来无处会/五/224

人道青山归去好/十一/38

人得苟免/一/102

人而不学/三/106

人而无礼/二/32

人而无信/二/75

人而无仪/二/32

人而无义/二/32

人方为刀俎/六/147

人非人不济/六/147

人非生而知之者/三/106

人分千里外/五/134

人逢得意早回头/九/57

人各是其所是/十/27

人各有才/三/33

人各有能/三/33

人各有能有不能/三/33

人各有志/十一/38

人各有志兮/十一/16

人固有一死/二/32

人归落雁后/五/84

人归山郭暗/七/43

人生代代无穷已/十一/39

人生当贵显/九/135

人生到处知何似/十一/39

人生得意须尽欢/十一/128

人生非金石/十一/40

人生富贵当自取/十一/92

人生富贵岂有极/二/124

人生贵贱无终始/十一/40

人生贵相知/九/95

人生行乐耳/十一/43

人生何处不离群/五/134

人生忽如寄/十一/40

人生寄一世/十一/41

人生交契无老少/九/95

人生结交在终始/九/95

人生开口笑/十一/41

人生莫作女人身/四/47

人生莫作远行客/一/244

人生七十古来稀/十/114

人生如梦/十一/41

人生如逆旅/十一/41

人生若尘露/十一/42

人生若浮寄/十一/42

人生识字忧患始/五/177

人生世上风波险/九/135

人生天地间，忽如远行客/
十一/42

人生天地间，如白驹之过隙/
十一/42

人生无百岁/十一/43

人生无根蒂/十一/43

人生一世/十一/44

人生由命非由他/十一/44

人生有离别/十一/44

人生有新故/五/30

人生在勤/十一/143

人生在世不称意/五/177

人生只合扬州死/十/85

人生自古谁无死/十一/17

人生自是有情痴/十一/44

人十能之/三/108

人世几回伤往事/四/20

人似秋鸿来有信/十一/44

人事有代谢/六/75

人寿几何/十一/68

人瘦尚可肥/十/164

人谁不死/二/124

人谁无过/十/163

人死于法/六/75

人所归者天所与/一/315

人所难言/十二/16

人所以为人者/十一/143

人所易言/十二/16

人所应无/十一/17

人所应有/十一/17

人体欲得劳动/四/197

人惟求旧/十/29

人无常心/四/47

人无贵贱/三/108

人无害虎心/十/30

人无礼而何为/二/33

人无礼则不生/二/34

人无心合道/四/69

人无衅焉/十/164

人无于水监/一/315

人无远虑/九/50

人无志/十一/143

人闲桂花落/七/44

人闲易有芳时恨/五/157

人贤而不敬/十/164

人心安则念善/一/316

人心风不吹/九/148

人心莫厌如弦直/九/135

人心若波澜/九/135

人心似铁/一/125

人心险于山川/九/136

人心之变/十/30

人心之不同/十/30

人性欲平/六/78

人烟寒橘柚/四/124

人言落日是天涯/五/85

人言生日短/十一/45

人一能之/三/108

人已古兮山在/十/165

人以义来/二/34

人意共怜花月满/十一/45

人由意合/九/96

人游月边去/十/65

人有悲欢离合/六/76

人有不为也/六/76

人有大举/三/34

人有厚德/三/34

人有祸患/十/165

人有所工/三/34

人有所优/三/34

人有喜怒哀乐/十/30

人有喜庆/十/165

人有欲/十/165

人有知学/三/108

人与骥逐走/六/76

人语橹声中/八/110

人欲自照/一/46

人誉我谦/十/165

人远则难绥/九/51

人在天涯鬓已斑/十/106

人之百年/十一/45

人之不廉/二/34

人之才，成于专/三/34

人之才行/三/35

人之材有大小/三/35

人之道/四/75

人之多言/九/136

人之过也在于哀死/十/31

人之行/二/76

人之患/三/109

人之饥所以不食乌喙者/六/77

人之将疾者/十/115

人之将死/十/24

人之乱也/一/46

人之能为人/三/109

人之情，安于其所常为/三/109

人之情，不能乐其所不安/
三/110

人之情，心服于德/十/31

人之善恶/十/166

人之生也，与忧俱生/十/115

人之生也亦少矣/十一/68

人之寿夭在元气/一/47

人之所难者二/十/31

人之所取畏者/四/197

人之所以为贵者/二/35

人之所以异于禽兽者几希/
十/166

人之危也/一/46

人之为不善/十/166

人之为善/十/166

人之为学/三/110

人之相知/九/96

人之性情/四/47

人之性如水焉/十/31

人之学如渴而饮河海/三/110

人之学也/三/110

人之有德于我也/九/51

人之有技/十/167

人之在教/三/111

人之至亲/十/32

人知贵生乐安而弃礼义/二/35

人至察则无徒/九/58

人中有吕布/五/285

人众则食狼/六/77

人众者胜天/六/77

人主之所恃者/一/316

人作殊方语/五/85

仁、义、礼、智、信/二/37

仁不轻绝，知不简功/二/35

仁不轻绝，智不轻怨/二/35

仁不以勇/二/36

仁不异远/二/36

仁行而从善/二/37

仁莫大于爱人/二/36

仁人者/二/37

仁以为己任/二/37

仁义，理之本也/二/38

仁义积则物自归之/二/26

仁则人亲之/二/38

仁者爱人，义者政理/二/38

仁者爱人，有礼者敬人/二/39

仁者爱万物/二/39

仁者安仁/二/39

仁者必有勇/二/58

仁者不乘危以邀利/二/40

仁者不危人以要名/二/11

仁者不违义而要功/二/101

仁者不以盛衰改节/二/40

仁者莫大于爱人/二/40

仁者人也，亲亲为大/二/41

仁者无敌/二/41

仁者先难而后获/二/41

仁者以其所爱及其所不爱/
二/41

仁者在位而仁人来/二/42

仁之法在爱人/二/42

仁之与义/二/42

仁足以使民不忍欺/一/47

忍把浮名/十一/129

忍寒添得疏花否/八/5

忍泪失声询使者/五/85

忍小忿而就大谋/六/78

任法而不任人，则法繁而人轻/一/125

任法而不任人，则法有不通/一/125

任官惟贤材/三/35

任礼耻任妆/十/32

任人而不任法，则法简而人重/一/125

任人而不任法，则人各有意/一/125

任贤使能/三/36

任贤勿贰/三/36

任一人力者/六/78

任重道远/十一/92

任重者其忧不可以不深/一/47

仍怜故乡水/五/85

日薄西山/十/115

日出而林霏开/七/97

日出而作/一/174

日出江花红胜火/七/158

日啖荔枝三百颗/十一/129

日典春衣非为酒/五/225

日华川上动/七/97

日计之而不足/十/167

日就月将/三/111

日落江湖白/七/44

日没半轮红/八/110

日暮北风吹雨去/七/44

日暮苍山远/七/184

日暮东风怨啼鸟/四/5

日暮汉宫传蜡烛/四/91

日暮思亲友/五/64

日暮途且远/五/86

日暮乡关何处是/五/86

日暖泥融雪半消/四/124

日日春光斗日光/八/45

日日花前常病酒/十/86

日入群动息/八/118

日省其身/十/167

日往月来/四/125

日夕凉风发/十/65

日习则学不忘/三/111

日斜深巷无人迹/七/185

日星隐耀/七/75

日远日疏/九/51

日月不明/七/45

日月光华/七/45

日月光天德/四/156

日月忽其不淹兮/十一/68

日月逝矣/十一/69

日月双悬于氏墓/二/125

日月欲明/六/78

日月之行/七/42

日月掷人去/十一/69

日长篱落无人过/四/124

日长似岁闲方觉/十一/129

日照香庐生紫烟/七/45

日之夕矣/七/185

日中而移/六/99

日中荷叶影亭亭/八/45

日中有钱人所羡/九/136

日中则移/六/148

日中则昃/六/148

戎马不解鞍/五/86

戎马关山北/五/86

戎马鸣兮金鼓震/二/90

荣华易尽/九/52

容貌岁岁愁边改/五/87

容貌一日减一日/十/115

溶溶春水浸春云/七/46

榕叶满庭莺乱啼/八/47

柔能制刚/六/79

柔弱是立身之本/九/52

柔条纷冉冉/八/45

柔亦不茹/二/90

柔则茹之/九/136

揉破黄金万点轻/八/45

肉食者鄙/五/285

肉虽多/十/52

如彼翰林鸟/五/30

如彼游川鱼/五/30

如此春来春又去/十/116

如此如此复如此/十/128

如何四纪为天子/十一/46

如花美眷/十一/69

如将不尽/十二/4

如今白发如霜草/十/116

如今直上银河去/七/27

如其不肖/一/162

如其道/十一/5

如切如磋/十/167

如人饮水/四/69

如食橄榄/十二/65

如蜩如螗/五/226

如闻其声/十二/64

如欲平治天下/十一/108

如竹苞矣/十/32

儒生无力荷干戈/十一/46

儒以文乱法/一/126

儒者之病/十一/46

汝阳三斗始朝天/十一/108

辱莫大于不知耻/十/175

入道弥深/六/79

入竟而问禁/四/48

入妙文章本平淡/十二/65

入其国者从其俗/四/48

入之愈深/三/112

软草平莎过雨新/四/125

蕊寒香冷蝶难来/八/46

若便骄逸/一/5

若不蓝田射石虎/四/69

若不推之于诚/二/76

三径就荒/十一/159

三军甲马不知数/一/246

三军可夺气/一/246

三军可以夺帅也/十一/17

三军一心/六/80

三面黄金甲/二/88

三年笛里关山月/一/246

三年耕，必有一年之食/一/174

三年耕，有九年储/一/174

三年清知府/五/287

三千里兮家未归/五/87

三人并行/三/119

三人成市虎/九/137

三人共牧一羊/一/47

三人行/三/112

三日入厨下/四/48

三山半落青天外/七/46

三十而立/三/129

三十功名尘与土/二/125

三十六策/一/247

三十六峰凝翠霭/七/47

三十年河东/九/52

三十三天飘了/五/31

三十拥旄谁不羡/十一/92

三思而后行/九/52

三岁学不如三岁择师/三/112

三条九陌丽城隈/四/156

三万里河东入海/七/47

三五明月满/七/98

三五夜中新月色/九/96

三湘衰鬓逢秋色/五/87

三余广学/三/112

三曰患至而后呼天/十/153

三月不知肉味/十二/65

三月蚕桑/一/175

三月江南莺乱飞/七/158

二月三日天气新/四/49

三章之法/一/136

三折肱知为良医/六/80

散发乘夕凉/十/86

桑叶隐村户/七/185

桑柘影斜春社散/四/49

桑竹垂余荫/七/185

丧，与其易也/二/23

丧贵致哀/十/116

搔头向黄叶/十/121

扫地可怜花更落/八/47

扫后更闻香/八/36

扫眉才子知多少/五/294

嫂溺援之以手/二/28

色恶，不食/十/67

色思温，貌思恭/九/35

色欲乃亡身之本/六/80

瑟瑟谷中风/八/59

僧敲月下门/八/111

杀成边将名/一/247

杀尽田野人/一/247

杀气三时作阵云/一/248

杀气生龙剑/一/248

杀人安人/一/248

杀人而死/一/127

杀人以自生/九/53

杀人亦有限/五/287

杀人者死，伤人及盗抵罪/
一/127

杀人者死，伤人者刑/一/127

沙场烽火连胡月/四/157

沙飞朝似幕/七/160

沙阔戍楼迥/七/160

沙暖睡鸳鸯/八/110

沙僻舞鹃鸡/八/135

沙平连白雪/七/160

沙头宿鹭联拳静/八/118

沙洲枫岸无来客/八/47

山爱夕阳时/八/83

山不辞土石/六/31

山不厌高/三/36

山不在高/六/81

山城过雨百花尽/八/47

山城斜路杏花香/八/45

山虫听似蝉/八/135

山川多古情/八/7

山从人面起/七/47

山店云迎客/十/65

山非自高/四/70

山风吹空林/七/119

山风起寒木/八/118

山高而不见/七/45

山高月小/七/24

山高自有客行路/六/81

山光并水色/七/47

山光忽西落/十/86

山光积翠遥疑逼/七/48

山光悦鸟性/七/48

山河风景元无异/五/226

山河破碎风飘絮/五/226

山河千里国/四/157

山河之阻/一/248

山花如绣颊/八/47

山花照坞复烧溪/八/48

山回路转不见君/六/81

山积而高/七/48

山将别恨和心断/七/48

山将落日去/七/49

山净江空水见沙/七/186

山静似太古/十/86

山菊秋自香/八/23

山空松子落/五/158

山梨晚叶丹/八/1

山临青塞断/七/49

山路元无雨/七/49

山没清波内/七/50

山盟虽在/五/36

山明水净夜来霜/四/126

山鸣谷应/七/49

山抹微云/四/126

山鸟似呼人/八/130

山平水远苍茫外/七/50

山牵别恨和肠断/五/135

山青灭远树/七/50

山泉散漫绕阶流/四/176

山色浅深随夕照/四/126

山色水色烟霞色/四/179

山僧独在山中老/五/226

山上层层桃李花/七/186

山石荦确行径微/四/176

山似论文不喜平/九/108

山树动秋声/八/129

山水之乐/五/316

山寺归来闻好语/五/316

山寺月中寻桂子/七/98

山随平野尽/七/50

山桃红花满上头/七/50

山亭水阁笙歌地/四/176

山头看月近/七/98

山头云似雪/七/134

山外青山楼外楼/五/287

山围故国周遭在/四/21

山无陵/五/40

山无重数周遭碧/七/51

山衔落日青横野/七/51

山虚风落石/七/98

山因云晦明/七/79

山樱发欲然/八/70

山映斜阳天接水/七/51

山悠悠也水悠悠/四/70

山有猛兽/六/149

山有木兮木有枝/五/31

山雨欲来风满楼/七/120

山远峰峰碧/七/51

山远疑无树/七/51

山云遥似带/七/134

山中何所有/七/134

山中人兮芳杜若/五/32

山中人自正/十一/160

山中一夜雨/七/120

山重水复疑无路/八/149

山紫更斜阳/八/6

善不积/十/168

善不妄来/十/168

善不由外来兮/十/168

善惩不如善政/一/127

善持胜者/六/81

善出奇者/一/249

善恶到头终有报/四/70

善服,有济/十二/28

善歌者使人继其声/三/113

善攻不待坚甲而克/一/249

善攻者,敌不知其所守/一/249

善攻者,动于九天之上/一/250

善攻者,料众以攻众/一/250

善攻者不尽兵以攻坚城/一/249

善积者昌/十/169

善建者不拔/六/82

善将者/一/187

善禁者/十/169

善救弊者/六/83

善举事者若乘舟而悲歌/六/82

善人赏而暴人罚/一/128

善人者,不善人之师/十/169

善人者，人亦善之/九/53
善胜敌者不与/三/36
善师者不陈/一/250
善守者，藏于九地之下/一/250
善守者，敌不知其所攻/一/249
善万物之得时/十一/47
善为国者，仓廪虽满/一/175
善为国者，藏之于民/一/175
善为国者，赏不僭而刑不滥/一/128
善为吏者树德/一/48
善为师者，既美其道/三/113
善为士者不武/一/250
善为书者以真楷为难/十二/16
善为文人者/十二/17
善无微而不赏/一/128
善学者，假人之长以补其短/三/113
善学者，师逸而功倍/三/114
善学者尽其理/三/114
善养身者/四/198
善养生者，慎起居/四/198
善养生者若牧羊然/四/198
善也吾行/十/169
善用兵者，避其锐气/一/250
善用兵者，不以短击长/一/251
善用兵者，屈人之兵/一/251
善用兵者，无沟垒/一/251
善用兵者，先服其心/一/251
善用兵者，役不再籍/一/252

善用人者必使有材者竭其力/三/37
善游者溺/六/82
善有善报/四/71
善有章/一/128
善则称人/十/170
善则赏之/一/48
善战者，居之不挠/一/252
善战者，因其势/一/253
善战者不败/一/250
善战者见敌之所长/一/252
善战者见利不失/一/252
善战者之胜也/二/253
善战者致人/一/253
善者不辩/六/82
善者能使敌卷甲趋远/一/253
善政不如善教之得民/一/48
善政得民财/一/48
善政民畏之/一/48
善治病者/六/83
善作者不必善成/六/83
伤化败俗/一/49
伤人以言/九/74
伤生之事非一/六/83
伤心江上客/五/87
商不出则三宝绝/一/171
商君法令牛毛细/一/316
商女不知亡国恨/四/32
赏必加于有功/一/128
赏不避仇雠/一/129

赏不当，虽与之/一/129

赏不当功/一/129

赏不当贤而罚不当暴/一/129

赏不过，刑不滥/一/130

赏不行/一/131

赏不加于无功/一/130

赏不空行/一/130

赏不隆则善不劝/一/130

赏不劝/一/131

赏不遗疏远/一/131

赏不遗远/一/131

赏不逾日/一/132

赏赐不加于无功/一/132

赏当其劳/一/113

赏当则贤人劝/一/132

赏罚必信/一/132

赏罚不可轻行/一/132

赏罚不明/一/133

赏罚不信/一/133

赏罚若明/一/133

赏罚信乎民/一/133

赏恒在佞/一/102

赏厚可令廉士动心/一/96

赏勉罚偷/一/133

赏莫如厚而信/一/134

赏善而不惩恶则乱/一/134

赏所以存劝/一/134

赏无功谓之乱/一/134

赏无功之人/一/134

赏务速而后有劝/一/135

赏须功而加/一/135

赏一人而天下劝/一/135

赏一人而万人悦/一/135

赏一以劝百/一/135

赏以劝善/一/136

赏由物召/十二/17

赏有功/一/136

赏之当/一/150

上兵伐谋/一/254

上不信/一/49

上多求则下交争/一/49

上多事则下多态/一/49

上烦扰则下不定/一/49

上贵见肝胆/一/50

上好礼，则民莫敢不敬/二/43

上好礼，则民易使也/二/43

上好信，则民莫敢不用情/
二/43，二/76

上好义，则民莫敢不服/二/43

上和下睦/十/33

上将拥旄西出征/一/254

上林如许树/五/178

上马击狂胡/十一/109

上满下漏/一/50

上穷碧落下黄泉/五/32

上山擒虎易/十/33

上善若水/四/71

上赏赏德/一/50

上士忘名/十/170

上无常操/一/50

上无疑令/一/254
上下不和，虽安必危/一/51
上下天光，一碧万顷/七/52
上下同欲者胜/一/255
上下一体/一/53
上下争利/一/51
上下之情壅而不通/一/53
上邪下难正//51
上言长相思/五/32
上阳秋晚萧萧雨/五/227
上医医国/一/51
上因天时/一/52
上有好者/一/52
上有黄鹂深树鸣/八/94
上有素定之谋/一/52
上有天堂/四/157
上之情达于下/一/53
上之所好/一/53
上之为政/一/53
尚力务本而种树繁/一/175
尚贤者/三/37
尚余孤瘦雪霜姿/八/16
韶华不为少年留/五/227
少成若天性/三/114
少而不勤/十一/69
少而不学/三/115
少而好学/三/115
少目之网/一/136
少年安得长少年/十一/70
少年把酒逢春色/十/116

少年别有赠/十一/93
少年不识愁滋味/五/227
少年见罗敷/十/205
少年乐新知/九/96
少年猎得平原兔/五/316
少年十五二十时/二/90
少年听雨歌楼上/五/317
少年无事学诗赋/五/178
少年心事当拿云/五/178
少年辛苦终身事/十一/70
少无适俗韵/十一/160
少小离家老大回/五/88
少小虽非投笔吏/十一/93
少则习之学/三/115
少之时，血气未定/九/35
少汁则熬而不可熟/六/31
少壮不努力/十一/70
少壮几时奈老何/十/117
少壮轻年月/十/117
舍得一身剐/二/91
舍己而从众/一/317
舍近谋远者/六/83
舍南舍北皆春水/八/118
舍人而从欲/一/317
舍远谋近者/六/83
射不善而欲教人/三/116
射人先射马/六/149
涉水半渡/一/255
涉长道后行未息/一/255
赦其旧过/一/136

身不正/三/116
身多疾病思田里/一/317
身后是非谁管得/四/22
身后是非悬日月/九/70
身既死兮神以灵/二/126
身经戎马心逾壮/十一/109
身老方知生计拙/五/228
身如巢燕年年客/五/135
身失道/二/27
身是菩提树/四/71
身死名俱灭/四/71
身体发肤/二/77
身为野老已无责/一/317
身无彩凤双飞翼/五/33
身贤者，贤也/三/37
身在白云上/七/10
身在江海上，云连京国深/
二/126
身在江海之上，心居乎魏阙
之下/五/288
身在江南图画里/十二/66
身之病待医而愈/三/38
深耕概种/一/175
深林人不知/七/98
深浅散余霞/八/63
深情长是暗相随/五/33
深秋帘幕千家雨/四/72
深入未必为得/一/255
深思远虑/一/54
深思纵似丁香结/五/33

深溪横古树/七/52
深巷明朝卖杏花/八/63
深巷斜辉静/七/186
深言则似不逊/十二/17
深源之下/十/21
深院下帘人昼寝/四/177
深则厉，浅则揭/九/53
深竹逗流莺/八/115
神交故国三千里/二/126
神龙藏深泉/五/88
神龙失势/六/149
神女生涯原是梦/五/228
神清者/六/41
神太用则竭/四/198
神仙有无何渺茫/四/72
审近所以知远也/十/170
审其所好恶/九/97
甚爱必大费/四/72
蜃气为楼阁/四/107
慎而思之/三/116
慎尔行/十/171
慎尔言/十/171
慎防其端/九/54
慎始而敬终/六/84
慎在于畏小/二/91
慎则祸之不及/九/54
慎终如始/九/54
慎终追远/二/77
慎重则必成/六/84
升堂矣/三/116

生，人之始也/二/44

生，事之以礼/二/77

生财有大道/一/176

生存华屋下/十一/129

生存无会期/五/34

生当复来归/五/34

生当作人杰/十一/18

生得其名/十一/18

生得相亲/五/34

生而同声/三/117

生而影不与吾形相依/五/252

生而知之者/三/117

生来不读半行书/五/288

生民百遗一/一/189

生男如狼/四/49

生年不满百/十一/130

生女还得嫁比邻/一/255

生女如鼠/四/49

生前富贵草头露/十一/47

生人作死别/五/228

生时游国都/十一/48

生为百夫雄/十一/144

生为并身物/五/7

生也有涯/三/117

生以辱/十一/18

生亦我所欲也/二/44

生有高世名/十一/93

生于忧患/六/84

生长食息/三/118

生者为过客/十/118

生之者众/一/176

生重于义/二/43

生子当如孙仲谋/五/292

声乐之入人也深/十二/17

声敲寒玉乍摇风/八/78

声驱千骑疾/七/52

声喧乱石中/七/52

声振林木/十二/66

声之平/十/181

声转于吻/十二/18

笙歌归院落/十一/130

笙歌散后酒初醒/五/229

省事不如省官/一/54

省事之本在节欲/六/84

圣代无隐者/一/54

圣人不贵尺之璧/十一/70

圣人不利己/一/318

圣人不凝滞于物/十一/71

圣人不以一己治天下/三/38

圣人常顺时而动/十一/66

圣人非不好利也/一/176

圣人贵措刑/一/137

圣人积聚众善以为功/六/85

圣人去甚/十/171

圣人顺时以动/十一/71

圣人畏微/二/91

圣人无常师/三/118

圣人无常心/四/73

圣人无全能/九/99

圣人之道/四/73

圣人之行法也/一/137　　　失众必败/一/318

圣人之所尚者/三/124　　　师必有名/一/257

圣人执要/一/55　　　　　师不欲久/一/284

圣贤无全德/四/73　　　　师克在和不在众/一/257

胜败兵家事不期/四/22　　师其意不师其辞/十二/18

胜败乃兵家常事/一/256　　师严，然后道尊/三/119

胜兵先胜而后求战/一/256　师者，所以传道/三/119

胜敌者/一/256　　　　　　师之所处/一/257

胜地不常/十一/48　　　　师直为壮/一/258

胜而不骄/一/256　　　　　诗不着题/十二/66

胜法之务/一/137　　　　　诗称国手徒为尔/五/179

胜人者有力/六/85　　　　诗成有共赋/十/87

盛名之下/六/158　　　　　诗画本一律/十二/18

盛年不再来/十一/71　　　诗家气象贵雄浑/十二/66

盛年处房室/五/179　　　诗家清景在新春/四/126

盛衰各有时/十一/48　　　诗家总爱西昆好/十二/67

盛于彼者必衰于此/六/85　诗可以兴，可以观/十二/19

盛之有衰，生之有死/十一/48　诗品出于人品/十二/67

盛之有衰，犹朝之有暮/六/150　诗情无限景无穷/十二/19

剩水残山无态度/八/48　　诗情也似并刀快/十二/19

尸位素餐/五/288　　　　　诗穷莫写愁如海/五/229

失其师表而莫有所矜式/三/118　诗如云态度/五/288

失饪，不食/十/67　　　　诗三百，一言以蔽之/十二/67

失身取高位/十一/19　　　诗三百篇/六/101

失时不从，可击/一/257　　诗书负笈/一/85

失物每从无意得/五/317　　诗书勤乃有/三/109

失信不立/二/78　　　　　诗万首/十一/130

失之东隅/十一/71　　　　诗言其志也/十二/19

失之毫厘/六/85　　　　　诗言志/十二/20

失之末流/六/150　　　　　诗之外有事/十二/20

诗中日月酒中仙/五/288

施人慎勿念/九/64

施之于不足/一/169

十步之间，必有茂草/三/38

十步之泽，必有香草/二/45

十分秋色为伊忙/八/120

十可以对百/二/94

十里黄芦雪打船/七/120

十里青山远/七/52

十里长街市井连/十/87

十年别恨知多少/五/229

十年朝夕泪/十/35

十年成败一知己/四/22

十年窗下无人问/十一/94

十年宫里无人问/五/317

十年经转战/一/258

十年磨一剑/二/127

十年生死两茫茫/十/34

十年天地干戈老/一/258

十年一觉扬州梦/五/179

十年之计/三/55

十人树杨/三/38

十日狂风特地晴/七/53

十室几人在/一/258

十室之邑，必有俊士/三/38

十室之邑，必有忠士/二/45

十室之邑，必有忠信/三/119

十四万人同解甲/五/289

十万兵在境/一/201

十围之木，持千钧之屋/六/150

十围之木，始生如蘖/六/86

十五从军征/一/259

十牖之开/六/3

十指不沾泥/五/292

石壁千寻险/四/157

石栏斜点笔/十/87

石梁高泻月/七/53

石桥路上千峰月/四/177

时把琼瑶蹴下来/八/107

时不乏人/三/39

时不可留/一/318

时不可以苟遇/十一/72

时不胜月/十一/62

时不至不可强生也/十一/72

时逢矣/三/4

时复墟曲中/七/186

时过然后学/三/119

时乎时，不再来/十一/72

时乎时乎，去不可邀/十一/72

时见两三花/八/70

时来故旧少/一/259

时来天地皆同力/十一/49

时来雉亦烹功狗/四/

时穷节乃见/十一/19

时诎则诎/十一/73

时人不识农家苦/五/229

时人不识余心乐/五/322

时人莫小池中水/六/150

时日曷丧/五/289

时时勤拂拭/四/71

时危见臣节/二/78

时危始识不世才/三/39

时维九月/四/126

时无英雄/五/289

时无重至/十一/68

时有归牛浮鼻过/八/102

时有落花至/四/127

时哉不我与/十一/33

时在中春/四/127

时者，难得而易失也/十一/73

时之至间不容息/十一/73

时止则止/十一/74

时至不迎/十一/76

时至而不旋踵者/十一/66

识得个中真趣味/十一/36

识时务者为俊杰/九/54

识时务者在乎俊杰、三/39

识以领之/三/137

识珍者必拾浊水之明珠/三/40

实迷途之未远/十一/49

实言无多/十二/20

食必常饱/六/86

食不厌精/十/66

食不语/十/66

食不重味/五/289

食方丈于前/十一/35

食贵于玉/十/66

食人之食者死人之事/九/7

食色，性也/十/35

食无求饱/三/120

食饐而餲/十/67

食者，国之宝也/一/259

食者，民之本/一/318

食之道/四/199

食足货通/一/176

史有三长：才、学、识/十二/67

使法量功/一/137

使法择人/一/137

使鸡司夜/三/40

使李将军遇高皇帝/五/290

使人大迷惑者/六/86

使为恶者不得幸免/一/138

使我有身后名/十一/130

使心用心/九/55

使冤者获信/一/138

使之望而不敢犯/一/259

始怜幽竹山窗下/八/49

始如处女/一/259

始知锁向金笼听/十一/49

始知五岳外/十/171

始终如一/九/102

始作俑者/五/290

士别三日/九/97

士不可以不弘毅/十/172

士不素厉/一/223

士不忘身不为忠/一/54

士不厌学/六/31

士而怀居/十一/144

士见危致命/二/45

187

士矜才则德薄/九/55
士穷乃见节义/十一/19
士虽有学/十/172
士为知己者死/九/97
士无贤不肖/十/24
士以义怒/二/91
士有死不失义/二/45
士有一言中于道/五/290
士有争友/九/97
示之以好恶/二/52
示之以形/一/259
世不患无法/一/138
世混浊而不清/九/137
世间富贵应无分/十一/109
世间万物有盛衰/十一/61
世间惟有蛰龙知/八/16
世间无限丹青手/十二/21
世间最难得者兄弟/十/38
世理则词直/十二/21
世路山河险/九/138
世路知交薄/九/98
世情薄，人情恶/九/138
世情恶衰歇/九/138
世情看冷暖/九/138
世情闲静见/六/87
世人皆欲杀/三/40
世人结交须黄金/九/139
世人逐势争奔走/九/139
世上岂无千里马/三/41
世上万般哀苦事/五/135

世事洞明皆学问/九/139
世俗之人皆喜人之同乎己/
九/140
世途旦复旦/九/140
世味年来薄似纱/九/140
世异则事变/四/49
世易事移/六/87
世有伯乐/三/41
世之质文/四/50
世之专于法者/一/139
世治则礼详/二/45
世胄蹑高位/五/179
仕而优则学/三/120
仕宦而至将相/五/317
似把剪刀裁别恨/五/232
似风前雪/八/53
似和不似都奇绝/八/65
似将海水添宫漏/五/232
似开未开最有情/八/57
似雾中花/八/53
似雨余云/八/53
势败休云贵/九/141
势不可使尽/九/55
势扼长川万古雄/四/158
势利之交/九/98
势在则威无不加/九/141
事不当民务者/一/54
事不中法者不为也/一/151
事当论其是非/九/55
事父母几谏/二/78

事固有难明于一时/六/88

事贵相时/十一/128

事君数，斯辱矣/九/56

事可语人酬对易/十/172

事莫大乎无悔/六/120

事莫大于必克/一/260

事莫明于有效/十二/21

事莫若咨/九/14

事迫乃归/九/43

事强暴之国难/一/260

事若求全何所乐/九/56

事虽小，不为不成/六/16

事无礼则不成/二/34

事无两样人心别/九/141

事信言文/十二/21

事修而谤兴/九/141

事已败矣/六/28

事以简为止/十二/21

事以密成/九/56

事义为皮肤/十二/29

事犹琴瑟/六/17

事有必至/六/88

事有不可知者/九/56

事有大小/一/55

事有切而未能忘/十/35

事有曲直/九/57

事遇机关须退步/九/57

事在四方/一/55

事之当否/一/319

事之难易/十一/74

事至而后求/六/88

试把金觥/十/100

试登绝顶望乡国/七/53

试上高楼清入骨/四/127

试使夷齐饮/十/141

试问闲愁都几许/五/230

试问乡关何处是/五/89

试玉要烧三日满/三/41

视民如子/一/319

视其所好/九/98

视其所以/九/98

视人之国/二/46

视人之家/二/46

视人之身/二/46

视思明，听思聪/九/35

视天下如一家/一/319

视卒如爱子/一/260

视卒如婴儿/一/260

是处红衰翠减/四/127

是非成败转头空/四/23

是非明，而后可以施赏罚/
一/139

是非明辨而赏罚必信/一/139

是非随名实/一/139

是非之心，人皆有之/十/3

是非之心，智之端也/二/4

是非只为多开口/九/58

是故君子贵建本而重立始/
六/85

是故守则同固/六/47

是婚姻，棒打不回/十/35　　守着窗儿/五/230

是己所是/十/172　　守正之人其气高/十二/68

是可忍也/五/264　　守职者懈于官/一/143

是日也/五/318　　守志不移动/四/73

是是非非，号为信史/十二/22　　首夏犹清和/四/128

是是非非谓之智/九/58　　首章标其目/十二/22

是我而当者/十/139　　寿命非松乔/十一/131

是以君子远庖厨也/二/17　　受国不祥/二/127

是则行之/三/69　　受国之垢/二/127

恃大而不戒/一/261　　受命不于天于其人/一/319

恃德者昌/十/173　　受屈不改心/十一/20

恃人不如自恃/十一/94　　受人之托/二/79

恃人者不久/九/62　　受任于败军之际/三/41

恃自圆之木/三/121　　授书不在徒多/三/121

恃自直之箭/三/121　　授有德则国安/三/42

室人和则谤掩/十/36　　瘦马恋秋草/五/89

室如县罄/五/230　　书不必起仲尼之门/六/89

室无空虚/十/36　　书不尽言/十二/22

室雅何须大/六/88　　书当快意读易尽/十一/49

逝水悲兴废/四/23　　书贵瘦硬方通神/十二/68

逝者如斯夫/十一/74　　书生半醉思南土/五/89

释规而任巧/一/139　　书生报国无地/五/180

噬虎之兽/十/36　　书生之论/一/56

手折衰杨悲老大/十/118　　书之要/十二/23

手中之竹/十二/34　　疏峰时吐月/七/53

守道而忘势/十一/19　　疏花个个团冰雪/八/49

守法持正/一/140　　疏林一路斜阳里/五/158

守国之度/一/55　　疏柳映新塘/八/35

守如处女/六/151　　疏影横斜水清浅/八/49

守少则固/一/261　　疏钟未彻闻寒漏/七/98

190

摅怀旧之蓄念/十/87

熟读唐诗三百首/三/121

熟读王叔和/六/89

暑不张盖/一/243

蜀道之难/十/67

蜀得其龙/三/42

蜀国曾闻子规鸟/五/89

蜀笺都有三千幅/十/37

蜀江水碧蜀山青/五/34

束书不观/三/122

述而不作/三/122

树初黄叶日/十/118

树倒猢狲散/六/151

树点千家小/七/53

树接前山暗/七/54

树荆棘得刺/四/73

树橘柚者/六/89

树木丛生/八/51

树木何萧瑟/五/230

树曲木者/六/89

树深烟不散/七/54

树树皆秋色/四/128

树树秋声/四/128

树树枝枝尽可迷/八/48

树影浪中摇/八/111

树欲静而风不停/六/90

树欲静而风不止/六/90

树枳棘者/六/89

树至德于生前/十/173

庶民去之/十/166

庶狱明则国无怨民/一/140

数杯黄菊酒/五/135

数尺游丝即横路/八/73

数丛沙草群鸥散/八/119

数典而忘其祖/五/290

数点雨声风约住/七/99

数峰清苦/七/54

数罟不入洿池/一/7

数家茅屋清溪上/七/187

数口之家可以无饥矣/一/69

数里松阴翠如滴/八/75

数穷则尽，盛满则衰/十一/49

数叶迎风尚有声/八/61

数战则民劳/一/261

数州消息断/五/231

衰草凄凄一径通/八/51

衰兰送客咸阳道/五/231

双螯如戟挺青泥/八/93

双鬓多年作雪/二/128

双距如锋芒/八/93

双双入我庐/八/113

霜倒半池莲/八/79

霜夺茎上紫/七/120

霜封野树/七/120

霜花草上大如钱/七/160

霜皮溜雨四十围/八/51

霜前柳叶衔霜翠/八/52

霜禽欲下先偷眼/八/119

霜日明霄水蘸空/一/262

霜入丹枫白苇林/七/121

霜威出塞早/七/161

霜严衣带断/四/128

爽籁发而清风生/十二/68

谁非一丘土/十一/50

谁挥鞭策驱四运/四/127

谁家寒食归宁女/十/34

谁家今夜扁舟子/五/32

谁家新燕啄春泥/八/100

谁家玉笛暗飞声/五/88

谁家煮茧一村香/七/187

谁将平地万堆雪/四/127

谁将一女轻天下/四/21

谁肯居台阁/九/135

谁怜爱国千行泪/二/126

谁怜流落江湖上/八/48

谁怜未得青云志/五/178

谁人得似张公子/十一/20

谁人与脱青罗帔/六/136

谁谓河广/五/88

谁谓江水广/七/54

谁谓天地宽/五/227

谁言寸草心/十/34

谁言南国无霜雪/十/117

谁言水是无情物/五/228

谁知临老相逢日/五/228

谁知盘中餐/五/197

水边春寺静/十/67

水边篱落忽横枝/八/64

水不激不跃/十一/144

水不在深/六/81

水处者渔/一/176

水从天汉落/七/54

水从天上落/七/55

水村天与好腰支/八/76

水村渔市/七/167

水滴虽微/四/67

水底远山云似雪/七/55

水殿风来暗香满/四/177

水光浮落照/七/99

水光潋滟晴方好/七/55

水广则鱼游/二/26

水广者鱼大/一/177

水国舟中市/七/55

水涵天影阔/七/56

水寒夕波急/七/56

水何澹澹/七/11

水何堤而无草/八/70

水积而鱼聚/六/167

水急客舟疾/十/67

水接西江天外声/四/177

水晶帘动微风起/四/112

水静楼阴直/七/161

水静鱼吹浪/八/119

水蓼冷花红簇簇/七/56

水流花谢两无情/五/159

水流曲曲树重重/七/56

水流心不竞/十一/160

水渌天青不起尘/七/56

水落陂塘秋日薄/七/57

水满田畴稻叶齐/七/187

水面清圆/八/71

水面桃花弄春脸/八/66

水面文章风写出/四/177

水能性澹为吾友/十一/160

水禽浮翩翩/八/120

水清石出鱼可数/七/57

水曲山限四五家/七/187

水绕陂田竹绕篱/八/52

水善利万物而不争/四/71

水上桃花红欲然/八/80

水深桥梁绝/五/231

水深鱼极乐/八/119

水声冰下咽/四/128

水似晴天天似水/七/99

水是眼波横/七/57

水所以载舟/一/320

水调数声持酒听/五/158

水通南国三千里/四/178

水吞三楚白/七/57

水纹如縠燕差池/八/89

水小池窄狭/六/151

水心如镜面/七/57

水性虚而沦漪结/十二/23

水荇牵风翠带长/八/29

水宿鸟相呼/八/87

水因地而制流/一/262

水映临桥树/八/52

水则载舟/一/308

水真绿净不可唾/七/58

水之行避高而趋下/一/262

水至清则无鱼/九/58

水浊/一/56

水自潺湲日自斜/一/262

水作琴中听/七/58

顺风而呼/六/18

顺风激靡草/五/180

顺人者昌/一/320

顺天者存/一/56

顺我者生/五/291

顺针缕者成帷幕/一/177

说《诗》者不以文害辞/
十二/68

说与桃花总不知/八/76

烁烁三星列/七/99

朔风传金柝/一/263

朔风吹雪透刀瘢/一/263

朔风动秋草/五/90

朔风萧条白云飞/七/161

司空见惯浑闲事/五/291

司马昭之心/五/291

丝桐感人情/五/200

私道行/一/140

私情行而公法毁/一/140

思风发于胸臆/十二/23

思妇楼头月/五/35

思归若汾水/五/90

思国之安者/一/45

思家步月清宵立/十/37

思君令人老/五/35

思君如百草/五/35

四望无烟火/四/158

俟河之清/十/120

松柏本孤直/八/53

松柏隆冬悴/九/142

松柏千年青/四/74

松柏有本性/八/4

松柏之下，其草不殖/六/151

松柏之质/十一/14

松风吹解带/十/88

松覆山殿冷/四/178

松含风里声/八/53

松间沙路净无泥/七/59

松陵第四桥前水/十/88

松排山面千重翠/七/99

松色带烟深/八/32

松声风四檐/八/83

松声晚窗里/八/7

松声竹声钟磬声/四/179

松晚翠方深/八/27

松枝一何劲/八/59

崧高维岳/七/59

宋家万里中原土/四/23

送春滋味/五/136

送君肠断秋江水/五/136

送君江浦已惆怅/五/136

送君千里/五/137

颂其诗/十二/69

搜尽奇峰打草稿/十二/24

諛闻曲学/三/23

苏湖熟/一/177

苏小门前花满株/七/162

诉心中之不平/五/200

素石何磷磷/八/120

素心常耐冷/八/53

速者济/十一/75

粟米布帛生于地/一/177

溯洄从之/五/36

溯游从之/五/36

算空有并刀/五/137

算人间没个并刀/五/232

虽鞭之长/六/152

虽不为当时所怪/十二/42

虽处秽恶/四/74

虽其请之勤勤/三/98

虽千万人/二/92

虽死而不朽/二/47

虽死之日/二/47

虽无纪历志/四/87

虽无丝竹管弦之盛/五/318

虽有慈父/三/122

虽有佳肴/三/123

虽有千里之能/三/43

虽有强记之力/三/123

虽有亲父/十/37

虽有亲兄/十/37

虽有群书万卷/五/180

虽有天下易生之物也/六/91

虽有尧舜之智/六/91

虽有至材/三/123

虽有至道/三/123

虽有至圣/三/123

虽有智慧/六/91

虽有镃基/六/91

虽知必让/三/80

虽执鞭之士/九/19

隋侯之珠/六/133

随风好去落谁家/八/9

随风潜入夜七/116

随见随忘/三/123

岁寒，然后知松柏之后凋也/
十一/21

岁寒松柏/十一/12

岁老根弥壮/八/54

岁老岂能充上驷/十/120

岁去人头白/十/121

岁岁金河复玉关/一/264

岁晚惜流光/十一/75

岁有凶穰/一/178

岁月不居/十一/75

岁月易尽/十一/75

遂事不谏/九/7

孙家兄弟晋龙骧/四/24

孙以出之/二/16

孙子髌脚/六/101

所贵圣人之治/一/57

所贵惟贤/三/43

所行者忠信/二/47

所加于人/九/59

所求无不得/九/59

所荣者善行/九/142

所守者道义/二/47

所谓文者/十二/24

所谓伊人/五/15

所惜者名节/二/47

所以游目骋怀/五/318

所用非所养/三/43

所誉依己成/六/91

所志在功名/十一/94

索道于当世者/三/124

索物于夜室者/三/124

T

他家本是无情物/八/54

他年我若为青帝/八/46

他人骑大马/九/59

他人有心/九/60

他日差池春燕影/八/54

他山之石/三/43

他乡生白发/五/90

他乡有明月/五/90

塔盘湖势动/四/179

塔影挂清汉/四/179

踏阁攀林恨不同/五/137

踏破铁鞋无觅处/十一/50

台上看山徐举酒/十/89

苔痕上阶绿/八/54

苔青柳半黄/八/5

苔新禽迹少/四/180

太阿之剑/十一/21

腾身转觉三天近/七/60

腾云似涌烟/七/134

提兵百万西湖上/十一/109

啼鸟忽临涧/七/60

啼鸟歇时山寂寂/八/121

啼鸟有时能劝客/八/121

啼鸟云山静/八/121

啼时惊妾梦/五/6

啼莺不管繁华歇/八/121

啼莺舞燕/八/122

题诗石壁上/十/89

体不备不可以为成人/十二/25

体如游龙/十/203

体无常轨/十二/25

天边树若荠/七/60

天变不足畏/一/58

天不变/一/58

天不崇大/二/79

天不老绝/五/37

天不言而四时行/四/129

天不再与/十一/76

天苍苍/七/162

天道无亲/一/320

天道信崇替/十一/50

天道夷且简/九/142

天地革而四时成/四/129

天地合/五/40

天地莫生金/九/142

天地无全功/九/99

天地有大美而不言/四/75

天地之所贵者/三/124

天地之性/一/321

天高地迥/十一/50

天光雁字青/八/106

天寒彩旗坏/一/264

天寒色青苍/四/130

天寒远山静/七/61

天寒知被薄/五/233

天汉回西流/七/88

天行健/十一/145

天行有常/七/62

天何言哉/四/130

天河夜转漂回星/七/100

天花落不尽/八/122

天荒地变心虽折/五/159

天将降大任于斯人也/三/44

天接云涛连晓雾/七/134

天街小雨润如酥/八/58

天街夜色凉如水/五/234

天可度/十/38

天籁自鸣天趣足/十二/70

天门中断楚江开/七/61

天命反侧/一/58

天平山上白云泉/十一/161

天清一雁远/十/68

天清远峰出/七/61

天穷超夕阳/八/107

天若有情天亦老/五/180

天色无情淡/五/234

天山雪后海风寒/五/91

天上碧桃和露种/五/181

天上浮云似白衣/七/135

天上秋期近/四/130

天上有行云/七/66

天生万物，唯人为贵/一/321

天生万物以养人/七/61

天生我材必有用/十一/110

天时不如地利/一/321

天时怼兮威灵怒/一/264

天视自我民视/一/322

天水碧/四/130

天外云峰/七/129

天网恢恢/四/75

天无二日/一/58

天无私覆/七/62

天下本无事/九/60

天下不患无财/一/59

天下才共一石/十一/110

天下大乱/一/59

天下大势，分久必合/四/24

天下大势之所趋/一/59

天下大事/六/92

天下大作于细/九/60

天下动之至易一/59

天下非一人之天下也/一/322

天下兼相爱则治/一/60

天下将亡/一/60

天下将兴/一/60

天下郡国向万城/一/264

天下难事/六/92

天下难作于易/九/60

天下攘攘往/九/143

天下人管天下事/一/322

天下三分明月夜/七/100

天下事当于大处著眼/九/61

天下虽安，忘战必危/一/265

天下虽兴，好战必亡/一/265

天下逃不过一个理字去/六/93

天下无不可变之风俗/四/50

天下无不是的父母/十/38

天下无有不散筵席/九/99

天下熙熙/九/143

天下兴亡/二/128

天下以农桑为本/一/178

天下英雄谁敌手/五/292

天下犹人之体/一/60

天下有道则见/九/61

天下者，非君有也/一/322

天下之患，不患材之不众/
五/293

天下之患，莫大于不知其然
而然/一/61

天下之患，莫大于举朝无公
论/一/61

天下之患，最不可为者/一/61

天下之乐无穷/五/318

天下之事/三/44

天下之业/三/45

天下之政/三/45

天下之至柔/六/93

同声好相应/五/14

同声相应/九/100

同声则异而相应/九/101

同是天涯沦落人/五/234

同心而共济/九/101

同心之言/六/21

同于我者何必可爱/十/174

同欲相趋/九/101

同欲者相憎/十/39

同遇汉文时/四/9

同舟渡海/六/93

同罪异罚/一/141

童子解吟长恨曲/五/294

童子柳阴眠正着/七/188

恸哭六军俱缟素/五/293

恸哭松声在/五/234

痛不著身言忍之/九/143

痛定思痛/五/235

痛莫大于不闻过/十/175

头上金爵钗/十/201

头上蓝田玉/四/42

头上倭堕髻/十/203

投荒万死鬓毛斑/五/318

投躯报明主/二/129

投死为国/二/129

投我以木瓜/五/38

投我以桃/二/48

投之亡地然后存/一/267

图难乎其易也/九/61

图四海者/十一/100

图于未然/六/94

荼蘼外烟丝醉软/八/88

徒然排云心/五/181

徒有霜华无霜质/八/68

途穷那免哭/十/122

途穷天地窄/十一/51

涂有所不由/一/267

酴醾架上蜂儿闹/八/122

土地平旷/七/188

土地虽广/一/267

土非土不高/六/147

土积而成山阜/六/152

土居三十载/九/143

兔从狗窦入/一/268

抟扶摇而上者九万里/八/112

抟摇直上九万里/八/92

推恩足以保四海/一/62

推贤让能/三/46

退如山移/一/268

吞舟之鱼，不游枝流/十一/22

吞舟之鱼，陆处则不胜蝼蚁/
六/94

托于车上/六/76

拓境不宁/一/178

W

外地见花终寂寞/五/91

外合不由中/九/102

外疾之害轻于秋毫/四/199

外举不弃仇/三/46
纨绔不饿死/五/181
玩人丧德/十/175
宛转蛾眉能几时/十/122
挽弓当挽强/六/94
晚泊孤舟古祠下/十/68
晚趁寒潮渡江去/四/131
晚风吹画角/一/268
晚节本无瑕/八/53
晚来风起花如雪/五/235
晚来天欲雪/十/81
晚年惟好静/四/200
晚娘的拳头/十/39
晚日东园一树花/八/8
晚色芙蕖静/八/59
晚色霞千片/五/92
晚食以当肉/十/175
晚霞澹远岫/七/135
晚叶红残楚/五/159
万乘之国行仁政/一/62
万点飞花愁似雨/五/160
万夫一心/六/95
万夫致死/二/96
万古春归梦不归/四/25
万鼓雷殷地/一/268
万国笙歌醉太平/四/25
万壑泉声松外去/四/131
万壑树参天/八/122
万壑有声含晚籁/七/63
万户楼台临渭水/四/181

万户千门成野草/四/26
万笏皆似平地起/七/63
万家流水一城花/四/158
万家之都/六/68
万箭千刀一夜杀/一/268
万卷藏书宜子弟/三/125
万籁此都寂/四/181
万里悲秋常作客/五/92
万里不惜死/二/92
万里车书一混同/十一/110
万里飞腾仍有路/十一/145
万里赴戎机/二/129
万里关山万里愁/十/39
万里寒光生积雪/七/163
万里衡阳雁/五/92
万里家山一梦中/五/93
万里江湖想潇洒/四/19
万里桥边女校书/五/294
万里桥西一草堂/十/175
万里秋江碧/八/115
万里人南去/五/93
万里少行人/八/118
万里无人收白骨/一/269
万里因循成久客/五/138
万里长城今犹在/九/48
万里长征战/一/269
万两黄金容易得/九/143
万木云深隐/七/121
万目不张举其纲/六/153
万顷沧江万顷秋/七/63

万顷湖天碧/八/123

万顷江田一鹭飞/八/119

万全之利/一/63

万人异心/一/314

万山浮动雨来初/八/130

万山秋叶下/五/93

万山深处一孤舟/十/54

万事到白发/十一/51

万事俱备/六/153

万事莫贵于义/二/48

万事销身外/十一/131

万树江边杏/四/132

万水千山路/五/138

万岁更相迭/十一/40

万岁千秋谁不念/四/26

万条垂下绿丝绦/八/3

万物必有盛衰/六/95

万物皆备于我矣/十/176

万物无全用/九/99

万物兴歇皆自然/六/95

万物有成理而不说/四/75

万物有性情/四/75

万物之有灾/一/63

万姓厌干戈/一/269

万叶秋声里/四/132

万影皆因月/七/101

万丈赤幢潭底日/七/63

万重关塞断/五/92

万株松树青山上/四/158

万紫千红总是春/四/132

亡国之臣/一/190

亡国之大夫/一/190，一/269

亡羊而补牢/六/40

亡在失道/一/11

王顾左右而言他/九/61

王侯第宅皆新主/四/27

王侯将相宁有种乎/十一/111

王良登车/六/153

王母桃花千遍红/十一/76

王师北定中原日/二/129

王于兴师/二/130

王司敬民/一/323

王者以民为天/一/323

网底游鱼/四/76

枉桡不当/一/141

枉士无正友/九/102

往而不来/二/20

往而不来者/十/39

往来应接不暇/三/86

往事所以鉴心者也/六/61

往事已成空/五/235

往者不可谏/六/95

往者已不及/九/62

妄毁，义之贼也/二/48

妄誉，仁之贼也/二/48

忘其前愆/三/46

忘形到尔汝/十一/118

望断关河非汉帜/五/93

望断江南山色远/五/38

望来已是几千载/五/56

望人者不至/九/62

望严雪而识寒松/五/294

望远者/六/93

望云惭高鸟/十一/161

望之不似人君/五/294

望之俨然/十/153

危邦不入/九/62

危莫危于任疑/三/46

危如累卵/六/153

威德相济/一/81

威恩参用以成化/一/63

威而不德/一/14

威行爱立/二/49

威行如秋/一/64

威怒虽盛/一/137

威恃民势/一/302

威与信并行/一/64

微波有恨终归海/七/64

微风起闺闼/四/167

微风万顷靴文细/七/121

微风燕子斜/八/125

微事不通/九/62

微烟生晚浦/七/135

微萤不自知时晚/八/123

微雨池塘见/七/121

微雨洗春色/七/121

微雨洗高林/七/121

微雨夜来过/七/122

微雨众卉新/七/122

微云淡河汉/七/101

为报洛桥游宦侣/五/138

为不善者月以有惩/一/141

为朝露之行/六/46

为臣贪/一/66

为川者决之使导/一/64

为大乎其细也/九/61

为地战者不能成王/一/270

为富不仁矣/二/49

为国不患于无人/三/47

为国不可以生事/一/64

为国者，必先知民之所苦/一/178

为国者当务实/一/179

为国者以富民为本/一/323

为国者以民为基/一/324

为国者终不顾家/二/131

为己重者/九/63

为将者，能去能就/一/270

为将之道/一/270

为君持酒劝斜阳/十一/77

为君更奏蜀国弦/十二/70

为君之道/一/324

为君子儒/九/63

为客黄金尽/五/235

为乐当及时/十一/131

为吏者/一/324

为人莫作妇人身/九/144

为人莫作女/四/50

为人谋而不忠乎/十/179

为人所爱敬/四/76

为人性僻耽佳句/十二/25

为人主而大信其妻/三/47

为山九仞/六/96

为善不同/六/96

为善的受贫穷更命短/五/295

为善则流芳百世/十/176

为善者口以有劝/一/141

为赏罚者非他/一/142

为上者不虚授/三/47

为世用者/十二/20

为谁辛苦为谁甜/八/89

为天地立心/十一/111

为天下者/一/325

为往圣继绝学/十一/111

为文不渥/十二/26

为文以意为主/十二/25

为文有三多：看多、做多、商量多/十二/26

为我一挥手/十二/70

为无为/四/76

为学之道/三/125

为言不益/十二/26

为者常成，行者常至/九/63

为政以德，譬如北辰/一/65

为政犹沐，虽有弃发/一/65

为政之本，莫若得人/一/142

为政之要，惟在得人/三/48

为政之要，曰公曰清/一/65

为之度/一/142

为之量/一/142

为之权衡/一/142

为之于未有/一/66

为之者疾/一/176

为治有道/一/66

为主贪/一/66

为尊者讳/四/50

违义虽生而非存/二/4

唯爱门前双柳树/五/38

唯不争/四/76

唯歌生民病/十二/27

唯留一湖水/一/325

唯女子与小人为难养也/九/144

唯仁者能好人/二/50

唯我忆君千里意/九/102

唯有落花无俗态/九/144

唯有牡丹真国色/八/60

唯有人心不可防/十/38

唯有人心相对时/十/40

唯有诗魔降未得/十二/26

唯有文章在/五/295

唯有相思似春色/九/103

唯余昔时泪/五/236

惟草木之零落兮/十一/77

惟陈言之务去/十二/26

惟俭可以助廉/二/49

惟将终夜长开眼/十/40

惟教之不改/一/143

惟解漫天作雪飞/八/67

惟静惟默/六/96

惟酒无量/十/68

文学之于人也/十二/28

文以达吾心/十二/28

文以行为本/十二/28

文有真伪/十二/49

文与武，左右也/一/35

文约而事丰/十二/71

文章，经国之大业/十二/30

文章必自名一家/十二/29

文章不成者不可以诛罚/一/38

文章不为空言/十二/29

文章草草皆千古/十二/29

文章当以理致为心肾/十二/29

文章合为时而著/十二/30

文章均得江山助/十二/30

文章千古事，得失寸心知/
十二/31

文章千古事，社稷一戎衣/四/27

文章随世作低昂/十二/31

文章须自出机杼/十二/31

文章一小技/十二/31

文章以华采为末/十二/32

文章憎命达/九/145

文章止于润身/十二/32

文章自得方为贵/十二/71

文者，务为有补于世而已矣/
十二/32

文质彬彬/九/79

闻道春还未相识/十/90

闻道有先后/三/126

闻道长安似弈棋/五/236

闻恶能改/十/145

闻其声不忍食其肉/二/17

闻其声而知其风/四/51

闻人之善/十/177

闻善而不索，殆/三/48

闻贤而不举，殆/三/48

闻义能徙/二/50

闻之而不见/三/126

闻志广博而色不伐/十/177

蚊子上铁牛/四/76

稳暖皆如我/一/298

问君别后愁多少/五/138

问君何能尔/十一/35

问君能有几多愁/五/236

问渠那得清如许/三/76

问人间/五/138

问世间/五/39

问余别恨知多少/五/139

问征夫以前路/五/94

问之不切/三/127

我不卿卿/五/25

我得一斗/十一/110

我登泰山/六/107

我歌今与君殊科/四/132

我花开后百花杀/八/11

我见青山多妩媚/十/90

我今垂翅附冥鸿/十一/95

我今自是飘萍客/五/236

我来提壶饮花下/五/319

我梦偏舟浮震泽/七/64

我情与子亲/五/39
我劝天公重抖擞/三/49
我是个蒸不烂/十一/22
我是行人更送行/五/139
我手写我口/十二/33
我所思兮在桂林/五/39
我未成名君未嫁/五/182
我闻忠善以损怨/九/64
我心匪石/五/40
我心匪席/五/40
我心坚，你心坚/五/40
我已思归眠不得/五/236
我有嘉宾/九/108
我有迷魂招不得/十一/95
我欲与君相知/五/40
我愿平东海/二/132
我愿扫开万里云/十一/111
我之所有/十/144
我只自如常日醉/五/237
我自不开花/八/74
我自横刀向天笑/二/50
沃地之民多不才者/一/167
卧不安席/六/154
卧读陶诗未终卷/十/90
卧横玉箫泛归舟/十一/132
卧柳碍浮槎/八/8
卧入江南第一州/十/59
卧榻之侧/六/154
卧引菱花信碧流/十/63
乌鸟之狡/九/103

巫峡之水能覆舟/十/41
巫咸虽善祝/四/200
诬服之情/一/143
诬乱以为治/一/7
屋漏更遭连夜雨/六/154
无备，虽众/一/22
无边落木萧萧下/五/160
无边天作岸/七/64
无病第一利/四/77
无波古井水/五/296
无补于政/一/83
无恻隐之心/二/51
无常安之国/三/49
无常乱之国/一/67
无辞让之心/二/51
无党无偏/一/67
无道人之短/九/64
无德于人/九/145
无敌国外患者/六/97
无毒不丈夫/九/21
无端隔水抛莲子/十/203
无端更渡桑干水/五/94
无端嫁得金龟婿/五/237
无端满阶叶/十/122
无端陌上狂风起/八/124
无端却被秋风误/八/11
无端绕屋长松树/八/60
无端一夜空阶雨/五/95
无端又被春风误/五/160
无伐名木/一/179

无欲速/一/68

无欲无所畏/四/77

无征不信/六/98

无诸悭吝/四/77

无罪以当贵/十/175

毋剿说/三/128

毋意，毋必，毋固，毋我/
十/178

毋友不如己者/九/103

吾爱孟夫子/五/296

吾不能变心而从俗兮/十一/162

吾尝跂而望矣/三/128

吾尝终日不食/三/128

吾尝终日而思矣/三/128

吾道亦如此/六/68

吾岂匏瓜也哉/五/182

吾日三省吾身/十/179

吾身听物化/十/123

吾十有五而志于学/三/129

吾心如秤/一/144

吾有德于人也/九/51

吴楚东南坼/七/65

吴歌楚舞欢未毕/四/27

吴宫花草埋幽径/四/28

吴姬荡桨入城去/十/203

吴江水兮鲈正肥/八/116

吴牛喘月时/五/239

吴山青/七/65

吴丝蜀桐张高秋/十二/72

吴王好剑客/一/68

吴王事事堪亡国/四/28

梧桐半死清霜后/五/239

梧桐更兼细雨/五/239

梧桐生矣/八/97

梧桐树，三更雨/五/139

梧桐叶上三更雨，惊破梦魂
无觅处/五/161

梧桐叶上三更雨，叶叶声声
是别离/五/139

梧桐真不甘衰谢/八/61

五百年必有王者兴/一/68

五步一楼/四/181

五寸之键/六/150

五更鼓角声悲壮/七/102

五更归梦二百里/五/96

五更千里梦/五/140

五更疏欲断/八/124

五花马/十一/132

五亩之宅/一/69

五千里外三年客/五/96

五十而知天命/三/129

五十弦翻塞外声/一/187

五十者可以衣帛矣/一/69

五月临平山下路/八/61

五月榴花照眼明/八/62

五月天山雪/七/65

五岳寻仙不辞远/十一/112

五种俱熟/一/179

午睡渐多浓似酒/四/133

午夜江声推月上/七/102

午阴嘉树清圆/四/100

舞笔飞墨/五/297

舞低杨柳楼心月/五/319

舞入梨花何处寻/八/103

舞态因风欲飞去/十/204

舞榭歌台/四/28

勿轻小人/六/98

勿轻小事/六/98

勿轻小物/六/98

勿轻一箦少/三/129

勿疏小善/九/64

勿谓寸阴短/十一/77

勿谓一丝微/十一/77

勿以恶小而为之/十/179

勿以善小而不为/十/179

务本节用财无极/一/180

务广德者昌/一/69

务理天下者/一/144

务伪不长/二/80

务学不如务求师/三/130

物不得其平则鸣/五/182

物不天来/一/305

物不至者则不反/四/77

物贵尺璧/十一/78

物华天宝/六/99

物或损之而益/四/78

物盛而衰/六/99

物是人非事事休/五/240

物速成而疾亡/六/100

物无常用/十二/25

物以远至为珍/六/100

物有本末/六/100

物有美恶/六/100

物在人亡无见期/五/240

物之有成必有坏/十/123

误尽平生是一官/五/240

误用恶人/三/61

悟彼下泉人/一/235

悟已往之不谏/十一/162

雾烽暗无色/七/163

雾里看花/六/154

雾露隐芙蓉/五/41

雾失楼台/五/240

雾外江山看不真/七/135

雾中分晓日/四/133

寤言不寐/五/41

X

夕息抱影寐/五/241

夕烟杨柳岸/七/65

夕阳芳草本无恨/五/242

夕阳连雨足/四/182

夕阳牛背无人卧/七/188

夕阳如有意/七/102

夕阳天外云归尽/七/65

夕阳无限好/七/103

夕阳西下/五/154

夕阳一片寒鸦外/七/103

西北望长安/二/132

西北有浮云/七/136

西北有高楼/四/182

西伯拘，而演《周易》/六/101

西出阳关万里行/二/93

西方有佳人/十/204

西风残照/四/182

西风吹堕红蕖里/八/124

西湖一勺水/四/29

西南三月音书绝/五/96

西塞山前白鹭飞/八/124

西蜀地形天下险/三/49

西夕之景/十/123

西园一点红犹小/八/125

西岳峥嵘何壮哉/七/66

昔别是何处/十/123

昔去雪如花/五/140

昔人已乘黄鹤去/四/29

昔日横波目/五/41

昔日戏言身后意/十/41

昔时金阶白玉堂/四/29

昔时人已没/四/29

昔为水上鸥/五/241

昔为匣中玉/五/241

昔为形与影/五/50

昔我往矣/五/96

昔以其半辅太祖定天下/
十一/112

昔之日已往而不来矣/十一/63

析理则不使有毫厘之差/九/64

析薪如之何/四/51

息交游闲业/五/319

息燕归檐静/十/91

息阴无恶木/五/297

惜春不觉归来晚/五/161

惜春长怕花开早/五/161

惜哉剑术疏/四/30

溪边古路三叉口/五/242

溪边照影行/七/66

溪谷少人民/五/230

溪流清浅路横斜/七/188

溪柳自摇沙水清/八/71

溪路千里曲/五/242

溪山看未足/十/91

溪山掩映斜阳里/四/182

溪上东风吹柳花/八/62

溪上新荷初出水/八/62

溪深难受雪/四/133

溪深树密无人处/七/66

溪水无情似有情/七/66

溪添半篙绿/七/66

溪田雨足禾先熟/七/188

溪亭修竹里/四/183

溪头春水净无沙/八/62

溪轩松偃坐/十/91

溪涨清风拂面/七/103

溪中云隔寺/七/136

嬉笑怒骂/十二/72

蟋蟀夹岸鸣/五/191

鸂鶒双游不避船/八/114

习兵战不如习商战/一/180

习俗移志/四/52

习于胡则胡/四/52

席不正，不坐/十/68

洗兵海岛/一/271

喜德者必多怨/六/102

喜极不得语/五/319

喜乐无羡赏/一/144

喜名者必多怨/六/102

喜为异说而不让/五/297

喜无以赏/一/145

喜心翻倒极/五/320

戏场也有真歌泣/九/146

系马长松下/十/60

系天下之安危/一/186

细草松下软/八/41

细草微风岸/十/69

细草香飘雨/八/62

细草欣欣贺嫩晴/八/91

细看造物初无物/七/163

细柳夹道生/八/63

细麦落轻花/八/80

细数落花因坐久/十/91

细水浮花归别涧/五/161

细听春山杜宇啼/四/133

细推物理须行乐/十一/133

细烟生水上/七/103

细雨垂杨系画船/十/64

细雨梦回鸡塞远/五/242

细雨嫩寒衫袖薄/五/97

细雨湿衣看不见/七/122

细雨鱼儿出/八/125

狎甚则相简/九/104

峡色侵天去/七/66

霞光曙后殷于火/七/136

下笔则烟飞云动/十二/72

下不钳口/一/70

下阿其上/一/301

下国卧龙空寤主/四/30

下窥指高鸟/四/183

下畔其上/一/301

下塞上聋/一/10

下下人有上上智/二/93

夏半阴气始/四/133

夏虫不可以语于冰者/六/45

夏非自暑/四/70

夏日抱长饥/五/243

夏宜急雨/四/188

仙人王子乔/四/78

先发制人/六/102

先行其言/九/66

先乐事者后忧事/九/66

先缕而后针/六/102

先民谁不死/十一/129

先谋后事者昌/一/71

先其后/一/55

先人有夺人之心/一/272

先生之风/五/304

先天下之忧而忧/二/133

先下手为强/九/66

先忧事者后乐事/九/66

先有司/三/50

先针而后缕/六/102

先之以敬让/二/52

先自治而后治人之谓大器/
九/67

纤纤作细步/十/211

纤云四卷天无河/七/136

鲜肤一何润/十/204

闲窗听雨摊书卷/十/91

闲花满岩谷/七/67

闲阶有鸟迹/四/183

闲居非吾志/二/133

闲梦江南梅熟日/七/163

闲上山来看野水/五/320

闲时故把忠臣慢/五/297

闲云潭影日悠悠/四/30

闲云野鹤/十一/133

闲坐悲君亦自悲/五/243

闲坐小窗读周易/十/92

贤不肖不杂/三/50

贤君择人为佐/三/50

贤良之士寡/三/51

贤良之士众三/51

贤路当广而不当狭/一/71

贤人不爱其谋/三/51

贤人观时/一/272

贤圣不能正不食谏净之君/
六/4

贤圣之接也/九/104

贤士尚志/十一/27

贤哉，回也/五/299

贤者报国之功/二/134

贤者不悲其身之死/二/134

贤者不得志于今/十一/146

贤者举而尚之/三/51

贤者辟世/九/65

贤者识其大者/九/65

贤者之处世/十一/78

弦断犹可续/五/41

咸阳二三月/四/134

衔泥燕子迎风絮/八/126

险道狭路/一/273

限以资例/三/51

陷人于危/九/65

陷之死地而后生/一/273

乡村四月闲人少/五/243

乡泪客中尽/五/97

乡人饮酒/十/69

乡心正无限/五/97

乡愿，德之贼也/五/298

相逢不似长相忆/五/42

相逢不用忙归去/四/134

相逢意气为君饮/十一/113

相恨不如潮有信/五/42

相见时难别亦难/五/140

相见无杂言/七/186

相见也依依/八/26

相见争如不见/五/243

相剑者之所患/六/86

相看白刃血纷纷/一/273

相看俱衰年/十/124

相看泪眼情难说/五/243

相看两不厌/十/92

相怜相念倍相亲/五/42

相亲相近水中鸥/八/136

相去日已远/五/141

相去万余里/五/246

相识满天下/九/146

相视而笑/九/104

相思本是无凭语/五/42

相思如明月/五/43

相思无日夜/五/43

相思相见知何日/五/43

相思相望不相亲/五/47

相思一夜梅花发/五/43

相思则披衣/七/182

相形不如论心/九/105

相寻梦里路/五/44

相知无远近/九/105

香稻啄余鹦鹉粒/八/125

香在无心处/八/84

香在无寻处/八/85

香逐便风来/八/78

湘江二月春水平/四/134

湘绮为下裙/十/203

湘山木落洞庭波/四/134

享天下之利者/一/325

想到家中夜深坐/五/98

向来枉费推移力/六/155

向前敲瘦骨/八/126

向使当初身便死/九/112

向晚多愁思/五/98

向晚寻征路/七/136

项庄拔剑舞/六/155

巷议臆度/九/67

象以齿焚身/六/103

枭骑战斗死/一/273

逍遥以针劳/四/200

消息盈亏/六/103

萧娘脸薄难胜泪/十/204

萧瑟兮草木摇落而变衰/五/146

萧条四海内/一/274

萧萧哀风逝/五/244

萧萧北风劲/五/244

萧萧愁杀人/八/2

萧萧行李夏弓刀/十一/112

萧萧马鸣/一/274

萧萧茅屋下/五/244

萧萧梧叶送寒声/五/98

萧萧远树疏林外/四/134

销兵铸农器/一/274

箫鼓沸天/一/274

箫鼓追随春社近存/四/52

潇湘月浸千年色/七/67

小白长红越女腮/八/21

小不忍则乱大谋/九/67

小池残暑退/四/135

小疵不足以损大器/六/103

小丛初散蝶/八/126

小德出入可也/九/9

小功不赏/一/145

小荷才露尖尖角/八/126

小惑易方/三/130

小谨者不大立/六/103

小来思报国/二/134

小蕾深藏数点红/八/82

小利害信/二/80

小怜玉体横陈夜/四/31

小楼一夜听春雨/八/63

小楼昨夜又东风/五/244

小人不可大受/三/22

小人得志/十一/52

小人骄而不泰/九/33

小人讦人之恶/九/34

小人乐得其欲/九/31

小人溺于水/九/146

小人求诸人/九/32

小人贪利而不顾义/九/33

小人同而不和/九/30

小人务知小者近者/九/34

小人下达/九/32

小人相送以财/九/34

小人学道则易使也/二/16

小人以无法为奸/一/145

小人与小人以同利为朋/九/91

小人之过也必文/五/298

小人之交甘若醴/九/91

小人之接如醴/九/92

小人之性/二/17

小人之泽/六/49

小时了了/二/93

小市花间合/四/159

小事糊涂/三/52

小事化为没事/九/10

小水细通池/八/78

小桃初破两三花/八/63

小桃无赖已撩人/八/121

小庭花落无人扫/五/162

小艇归时闻草声/十/56

小头鞋履窄衣裳/四/52

小溪清水平如镜/七/67

小轩窗，正梳妆/十/45

小园桃李东风后/八/63

小怨不赦/一/145

小院回廊春寂寂/四/183

小院无人雨长苔/四/184

小则随事酬劳/一/145

小者不审/六/72

小者乐其小而无慕于大/三/33

小知不可使谋事/三/52

小舟撑出柳阴来/十/55

小舟从此逝/五/183

晓看红湿处/四/159

晓来山鸟闹/八/126

晓来谁染霜林醉/五/111

晓鸦无数盘旋处/八/127

晓月临窗近/七/67

晓月暂飞高树里/七/104

晓战随金鼓/一/275

孝衰于妻子/九/146

孝子不生慈父之家/三/130

校练务精/十二/46

笑渐不闻声渐悄/五/44

笑入荷花去/十/205

笑啼俱不敢/九/147

效小节者/六/104

些小吾曹州县吏/十 /163

邪气不能袭/十/161

邪气袭内/四/200

斜拔玉钗灯影畔/五/244

斜抱云和深见月/五/245

斜光照墟落/七/188

斜日寒林点暮鸦/八/113

斜阳冉冉春无极/七/104

斜阳如有意/七/104

斜阳疏竹上/四/135

斜阳外/七/189

斜倚春风笑不休/八/55

斜影风前合/七/123

携手上河梁/五/140

携幼入室/五/320

写取一枝清瘦竹/十一/163

谢朝华于已披/十二/33

谢却海棠飞尽絮/四/135

谢诗如芙蓉出水/十二/73

心哀而歌不乐/十二/33

心安静/六/104

心暗，则照有不通/九/67

心病终须心药治/六/155

心不负人/四/78

心不可乱/六/104

心不在焉/三/130

心怖，可击/一/275

心澹水木秀/六/105

心合意同/六/105

心结湘川渚/十/92

心旷神怡/五/320

心懔懔以怀霜/十一/95

心能识壮耄/十/158

心曲千万端/五/245

心如老骥常千里/十一/95

心如老马虽知路/五/183

心似双丝网/五/37

心思不能言/五/76，五/255

心随朗日高/十一/96

心同野鹤与尘远/十二/34

心为万事之主/十/179

心无备虑/六/105

心之官则思/三/131

心之忧危/五/245

心之忧矣/五/245

心知去不归/二/52

心中为念农桑苦/一/325

新丰美酒斗十千/十一/113

新鬼烦冤旧鬼哭/一/275

新进之士喜勇锐/三/52

新来瘦/五/44

新裂齐纨素/十/69

新林二月孤舟还/七/67

新沐者必弹冠/十/180

新年鸟声千种啭/八/64

新蒲新柳三年大/五/298

新诗淡似鹅黄酒/五/98

新霜染枫叶/七/123

新松恨不高千尺/五/298

新月娟娟/十/93

新筑场泥镜面平/七/189

新妆荡新波/十/196

新妆宜面下朱楼/五/246

薪不尽/六/155

信，国之宝也/二/81

信不足焉/二/80

信道而不信邪/二/10

信耳而遗目者/九/122

信宿渔人还泛泛/五/162

信言不美/六/105

信以结之/二/81

信义行于君子/一/146

星垂平野阔/七/68

星汉灿烂/七/42

星汉淡无色/七/104

星临万户动/七/104

惺惺惜惺惺/九/105

刑称罪则治/一/146

刑罚，理之末也/二/38

刑罚不能加无罪/一/146

刑罚不中/一/146

刑罚不足以移风/一/147

刑罚者，人之衔辔/一/103

刑法明则奸宄息/一/147

刑烦犹水浊/一/147

刑过不避大臣/一/147

刑期于无刑/一/148

刑赏之本/一/148

刑一而正百/一/148

刑一则人畏而不干/一/148

刑在必澄/一/149

刑在禁恶/一/149

刑者政之末节/一/149

刑之有赦/一/149

形存则神存/四/78

形而上者谓之道/六/106

形见则胜可制/一/208

形近而易见/十/42

形若槁骸/五/247

形之正/十/181

兴必虑衰/一/71

兴废由人事/四/31

兴国之君乐闻其过/一/71

兴酣落笔摇五岳/十一/114

兴尽悲来/十一/50

兴阑啼鸟换/十/93

兴师十万/一/275

兴天下之利/一/72

兴亡谁识天公意/四/31

兴亡无限惊心语/四/32

杏花春雨江南/七/164

杏花红处青山缺/七/189

杏花零落香/八/79

杏花疏影里/五/45

杏子梢头香蕾破/八/64

幸人之灾/二/52

性静情逸/四/201

性相近也/四/53

性也者，与生俱生也/十/42

性之贤鄙/十/166

兄不友/十/10

兄弟不睦/十/42

兄弟谗阅/十/43

兄弟敦和睦/十/43

兄弟二人不相容/十/46

兄弟两三人/五/221

兄弟虽有小忿/十/43

兄弟阋于墙/十/43

胸次山高水远/十二/34

胸中襞积千般事/九/106

胸中不学/三/131

胸中有誓深于海/二/134

胸中之竹/十二/34

雄笔奇才/十二/9

雄发指危冠/四/32

雄州雾列/三/53

熊罴对我蹲/五/230

休辞客路三千远/十/44

休道朝中太师威如火/一/326

休夸此地分天下/四/32

休梦江南路/五/99

休说旧时王与谢/一/277

修辞立诚/十二/34

修辞立其诚/十二/35

修道而不贰/一/44

修身也/一/17

修学好古/三/131

羞恶之心，人皆有之/十/3

羞恶之心，义之端也/二/4

羞恶足以为义/二/4

羞善行之不修/十/181

朽木不可雕，情亡不可久/
二/79

朽木不可雕也，粪土之墙不
可圬也/三/132

宿雨朝来歇/四/129

秀色掩今古/十/206

袖里珍奇光五色/二/135

袖手无言味最长/九/18

绣羽衔花他自得/十/124

吁嗟身后名/十一/133

须防世事多番复/九/13

须教自我胸中出/十二/35

须教自我胸中出/十二/40

须臾满寺泉声合/四/184

须知极乐神仙境/十一/147

虚负凌云万丈才/五/183

虚死不如立节/十一/96

虚争空言/六/106

歘如飞电来/七/68

徐行不记山深浅/八/127

徐制其后/一/277

许国虽坚/五/183

旭日衔青嶂/七/105

雪里梅花犯雪妍/八/52
雪虐风饕愈凛然/八/65
雪却输梅一段香/八/38
雪声偏傍竹/五/99
雪似梅花/八/65
雪消门外千山绿/四/136
雪竹低寒翠/八/65
血脉不调/十/124
勋劳宜赏/一/150
薰莸不共器/六/107
寻常相见了/五/141
寻常一样窗前月/八/65
寻常之污/六/156
寻芳不觉醉流霞/十/94
寻河愁地尽/七/165
寻花不问春深浅/五/162
寻诗人去留僧舍/十一/134
寻香只恐三春暮/五/320
寻寻觅觅/五/247
寻章摘句老雕虫/十二/36
浔阳江头夜送客/五/141
循序而渐进/三/140
迅风拂裳袂/七/123

Y

鸦背夕阳多/八/94
鸦鸣夕照中/八/117
鸦啼木郎庙/四/184
鸭绿烟波送客船/八/13

鸭头春水浓如染/八/66
鸭头绿一江浪花/七/68
衙斋卧听萧萧竹/十一/163
雅有所谓/十二/37
胭脂雪瘦薰沉水/八/66
烟波澹荡摇空碧/四/185
烟开兰叶香风暖/四/136
烟岚十里光/四/136
烟柳画桥/七/165
烟柳蒙蒙鹊做巢/八/127
烟笼古寺无人到/四/185
烟笼寒水月笼沙/四/32
烟笼修竹/四/136
烟络横林/四/136
烟缕织成愁/八/68
烟抹平林水退沙/七/69
烟暖柳惺忪/八/66
烟水初销见万家/四/136
烟添柳色看犹浅/八/127
烟消日出不见人/七/137
烟雨空濛又晚潮/十/56
烟中列岫青无数/七/105
焉得并州快剪刀/十二/73
焉得铸甲作农器/一/277
焉能作堂上燕/十一/22
嫣然一笑竹篱间/八/67
严冬不肃杀/四/137
严法峻刑/一/112
严家无悍虏，笃责急也/三/83
严家无悍虏，而慈母有败子/

三/140
严令繁刑不足以为威/一/222
言悖而出者/九/68
言必信，行必果/二/81
言必再思/九/14
言不激切/九/68
言不可食/二/82
言不文/六/165
言不信者行不果/九/68
言不中法者不听也/一/151
言出于己不可塞/九/69
言多变则不信/一/151
言而不信/二/82
言而当/九/69
言顾行/九/69
言寡尤/九/15
言过其实/三/54
言节候/十二/59
言泉共秋水同流/十二/73
言室满室/一/72
言思忠/九/35
言无法度不出于口/一/151
言无务为多/九/69
言以足志/十二/37
言语巧偷鹦鹉舌/十二/74
言语逊/一/75
言者所以在意/六/108
言者志之苗/十二/37
言之大甘/六/108
言之所以为言者/二/82

言之无文/十二/38
言之者无罪/十/182
言忠信/二/82
岩壑归去来/十一/163
岩溜喷空晴似雨/四/137
岩泉万丈流/七/69
沿涧水声喧户外/十/70
颜衰重喜归乡国/五/100
檐前花覆地/八/128
奄忽随物化/十一/40
掩目而捕燕雀/二/83
掩人者人亦掩之/九/70
眼边无俗物/九/147
眼底饶苍翠/七/189
眼昏书字大/十/110
眼见方为是/六/108
眼见风来沙旋移/七/165
眼看春色如流水/五/162
眼看帆去远/十/44
眼枯即见骨/一/278
眼枯泪尽雨不尽/五/247
眼前道路无经纬/五/299
眼前得丧等云烟/九/70
眼前红日又西斜/七/105
眼随片片沿流去/五/163
眼中风物参差是/十二/38
眼中高岸移深谷/五/100
眼中了了/三/86
眼中形势胸中策/一/278
偃鼠饮河/九/70

宴尔新婚/十/44

堰水先塞其源/六/156

雁点青天字一行/八/95

雁度池塘月/四/137

雁尽书难寄/五/248

雁落平沙一雨收/四/137

雁引愁心去/五/321

雁阵惊寒/十/72

滟滟随波千万里/七/105

燕安溺人/六/108

燕草如碧丝/八/67

燕京女儿十六七/十/206

燕起知风舞/六/109

燕雀安知鸿鹄之志哉/十一/96

燕雀不知天地之高/六/157

燕雀离巢宇/六/157

燕山雪花大如席/四/137

燕踏飞花落舞筵/八/131

燕外晴丝卷/八/128

燕婉之求/五/248

燕尾点波绿皱/八/131

燕燕于飞/十/44

燕赵多佳人/十/206

燕知社日辞巢去/八/128

燕子不归春事晚/四/138

燕子不来春又去/五/163

燕子不来花又落/五/163

燕子家家入/八/129

燕子来时/八/100

燕子来时新社/四/138

燕子泥新/四/105

燕子未归梅落尽/五/163

燕子又将春色去/五/163

扬汤止沸/六/157

扬汤止沸，莫若去薪/六/158

羊肠坂诘屈/四/147

羊羹虽美/六/158

羊肉不曾吃/六/158

阳春白日风花香/四/138

阳春布德泽/四/138

阳春二三月/四/138

阳春无和者/十二/38

阳春召我以烟景/十二/38

阳春之曲，和者必寡/六/158

阳骄叶更阴/八/54

杨花处处飞/八/129

杨花榆荚无才思/八/67

杨柳不遮春色断/四/139

杨柳当风绿线低/八/78

杨柳东门树/五/141

杨柳堆烟/四/180

杨柳行间燕子轻/八/122

杨柳交加万万条/八/133

杨柳青青沟水流/八/68

杨柳丝丝弄轻柔/八/68

杨柳万条烟/八/28

杨柳萧疏晓岸风/八/15

杨柳阴阴细雨晴/八/68

杨意不逢/五/183

飏下屠刀/四/79

佯北勿从/一/278

洋洋熊耳流/七/69

仰不愧于天/九/36，十/153

仰观宇宙之大/五/318

仰天大笑出门去/十一/97

仰之弥高/三/140

养备而动时/一/44

养兵千日/一/278

养不教/三/141

养蚕不满百/一/180

养成数竿新生竹/三/141

养儿待老/十/45

养虎自遗患/六/159

养猫所以去鼠/三/54

养身莫善于习动/四/201

养生治性/四/201

养世之君/四/201

养寿之士/四/201

养心莫善于寡欲/十/182

养怡之福/四/202

养鱼沸鼎之中/六/159

养拙江湖外/五/184

腰如束素/十/197

腰若流纨素/十/212

尧舜之道/一/73

峣峣者易缺/六/109

摇荡春风媚春日/八/68

摇落江天万木空/四/139

摇落暮天迥/四/139

摇落深知宋玉悲/四/33

摇摇弱柳黄鹂啼/八/69

遥看洞庭山水翠/七/69

遥怜儿女寒窗底/十/45

遥怜故园菊/一/278

遥天如接岸/七/70

遥望齐州九点烟/六/160

遥望四山云接水/七/70

遥遥望白云/十一/164

遥原树若荠/七/70

遥知不是雪/八/69

遥知兄弟登高处/十/7

咬定几句有用书/三/141

咬定青山不放松/十一/164

窈窕淑女/五/10

药酒，病之利也/四/201

药酒苦于口而利于病/六/160

药来贼境灵何用/二/135

药虽进于医手/四/202

药医不死病/四/202

要成好人/九/106

要看银山拍天浪/七/70

要挽银河仙浪/二/136

要为天下奇男子/十一/147

要以诛寡而悦众/一/331

要在安国家/一/85

也应回首顾螳螂/八/108

也知渔父趁鱼急/五/248

野岸柳黄霜正白/五/100

野岸平沙合/七/71

野草芳菲红锦地/八/69

野船明细火/七/189

野渡花争发/四/139

野礁喧春水/七/190

野芳发而幽香/四/139

野夫怒见不平事/五/248

野凫眠岸有闲意/四/140

野何树而无花/八/70

野花残处月苍苍/八/121

野花常捧露/四/140

野花成子落/八/129

野花愁对客/五/248

野花丛发好/八/129

野花看欲尽/四/140

野花无限意/八/70

野火初烟细/七/105

野火烧不尽/六/160

野间绝少尘埃污/七/190

野径云俱黑/十/70

野旷沙岸净/七/71

野旷天低树/七/71

野老念牧童/七/190

野蔓有情萦战骨/一/279

野梅烧不尽/八/70

野庙向江春寂寂/四/185

野桥经雨断/七/190

野禽喧曙色/八/129

野雀乱秋榛/八/118

野戍孤烟起/八/129

野树苍烟断/四/185

野水多于地/七/71

野水无人渡/十/70

野棠开未落/八/70

野棠自发空临水/一/279

野桃含笑竹篱短/八/71

野田春水碧如镜/七/190

野外罕人事/七/191

野性平生唯爱月/十/95

野猿疑弄客/八/130

野云万里无城郭/七/165

野竹分青霭/七/72

野竹疏还密/五/164

业患不能精/九/70

业精于勤荒于嬉/三/141

业无高卑志当坚/十一/148

业之即不争/一/73

叶低知露密/七/137

叶密鸟飞碍/八/71

叶上初阳干宿雨/八/71

夜半酒醒人不觉/四/140

夜半醒来红蜡短/五/184

夜船吹笛雨潇潇/七/163

夜光不自献/三/55

夜江雾里阔/七/72

夜静忽疑身是梦/五/249

夜来春雨深一犁/七/191

夜来风雨声/五/149

夜来能有几多寒/八/72

夜来西风里/五/184

夜来一笑寒灯下/十二/39

夜来幽梦忽还乡/十/45

一道残阳铺水中/七/106

一灯能除千年暗/二/94

一登龙门/五/300

一登一陟一回顾/六/56

一点芭蕉一点愁/五/251

一点飞鸿影下/四/102

一动个如一静/六/110

一斗米养个恩人/九/147

一斗粟，尚可春/十/46

一段好春藏不住/八/73

一朵忽先变/八/74

一耳之听也/六/111

一发不可牵/一/314，六/110

一发不中/六/110

一番桃李花开尽/八/74

一分流水/八/10

一风三日吹倒山/七/123

一封朝奏九重天/五/185

一佛出世，二佛涅槃/十/124

一夫不耕/一/181

一夫当关/四/152

一夫得情/三/55

一夫耕/一/181

一夫怒临关/四/160

一妇不织/一/181

一妇桑/一/181

一竿竹影敲明月/四/186

一钩淡月天如水/七/73

一鼓作气/一/280

一顾倾人城/十/191

一轨九州/一/73

一贵一贱/九/149

一国尽乱/一/59

一国三公/一/74

一国之政/一/74

一行白鹭上青天/八/104

一行书不读/五/300

一行书信千行泪/五/46

一行之失/四/79

一壶浊酒喜相逢/四/2

一家之乱/一/59

一缄书札藏何事/八/74

一见而不可掩者/九/71

一见湖边杨柳风/五/101

一江见底自秋色/七/73

一叫千回首/五/250

一叫一回肠一断/五/101

一阶春草碧/四/141

一节复一节/八/74

一节见则百节知/六/110

一解市头语/九/148

一介不以与人/二/7

一径野花落/七/191

一径竹荫云满地/四/186

一静可以制百动/九/71

一举不得/六/110

一炬有燎原之忧/六/161

一蹶之故/六/162

一厘一毫/二/53

一粒红稻饭/五/250

一流之人能识一流之性/九/106

一路稻花谁是主/七/191

一路野花开似雪/七/166

一路莺啼送到家/八/127

一轮顷刻上天衢/七/100

一轮秋影转金波/七/106

一轮霜月落/七/106

一民之轨/一/151

一抹残红犹未敛/七/107

一目之察/二/95

一目之人可使视准/六/161

一目之视也/六/111

一年不见一重深/九/102

一年春色摧残尽/十/95

一年好景君须记/四/141

一年湖上春如梦/七/166

一年将尽夜/五/101

一年三百六十日，多是横戈马上行/五/250

一年三百六十日，风刀霜剑严相逼/九/148

一年始有一年春/十一/52

一年之计/三/55

一片丹心天地间/二/137

一片洞庭心/五/102

一片花飞减却春/五/164

一片江南水墨图/七/166

一片岚光凝不飞/八/75

一片青天白鹭前/七/73

一片清江水/七/73

一片伤心金粉地/四/35

一片水光飞入户/八/75

一片杏花香/八/36

一片晕红才著雨/八/75

一贫一富/九/149

一畦春韭熟/一/326

一骑红尘妃子笑/四/34

一千里色中秋月/七/74

一千五百年间事/四/35

一穷到骨不自治/五/185

一丘一壑也风流/七/74

一渠春水柳千条/八/29

一曲古阳关/五/142

一曲清歌一束绫/十二/74

一曲听初彻/十二/74

一去紫台连朔漠/五/102

一犬吠形/五/300

一人聪明而不足以遍照海内/三/56

一人飞升/五/300

一人奋死/二/94

一人计不用/三/56

一人善射/四/53

一人守险/四/160

一人投命/二/94

一人一心/一/152

一人之身/三/56

一人之微/三/57

一人之心/一/326

一人之智/二/95

一忍可以支百勇/九/71

一任阶前/五/192

一日暴之/六/91

一日不见/五/46

一日不思量/五/47

一日不再食则饥/一/181

一日不作/一/181

一日行善/一/75

一日天无风/九/148

一日万机/一/74

一日纵敌/六/111

一入深宫里/五/250

一霎好风生翠幕/八/75

一觞一咏/五/318

一身报国有万死/二/137

一身而二任焉/三/57

一身能擘两雕弧/二/95

一身去国六千里/五/185

一身转战三千里/二/95

一生大笑能几回/十一/134

一生复能几/十一/78

一生肝胆向人尽/九/148

一生几许伤心事/五/250

一生困尘土/五/251

一生所遇唯元白/九/149

一生一代一双人/五/47

一声何满子/五/205

一声梦断楚江曲/五/102

一声山鸟曙云外/四/141

一声水调满明月/四/35

一声梧叶一声秋/五/251

一声溪鸟暗云散/四/141

一时今夕会/五/103

一时之强弱在力/六/111

一视而同仁/三/57

一手独拍/六/161

一树碧无情/八/124

一树春风千万枝/八/76

一树梨花一溪月/五/103

一树千条管带春/八/77

一树樱桃带雨红/八/76

一双飞去却回头/八/102

一双鸂鶒对沉浮/八/124

一水护田将绿绕/七/74

一丝一粒/二/53

一死一生/九/149

一松一竹真朋友/十一/164

一岁典职/五/299

一岁一枯荣/八/28

一损皆损/六/111

一蓑烟雨任平生/十一/22

一条寒玉走秋泉/七/74

一条藤径绿/四/142

一庭春色恼人来/四/142

一湾死水全无浪/六/162

一为不善/九/72

一为迁客去长沙/五/251

一闻边烽动/二/137

一闻战鼓意气生/二/137

一卧东山三十春/十/125

银烛秋光冷画屏/五/253

引壶觞以自酌/七/192

饮马渡秋水/一/284

饮马鱼惊水/八/130

饮马长城窟/七/75

饮食男女/十/47

隐隐孤帆趁落霞/八/112

英雄气短莫须有/四/36

英雄无用武之地/五/186

英雄一去豪华尽/四/36

英雄已尽中原泪/四/36

英雄者，胸怀大志/三/60

莺儿穿过黄金缕/八/127

莺儿调舌弄娇柔/八/68

莺花不管兴亡事/十一/53

莺声多在杏花梢/八/127

莺啼半树空/八/94

莺啼过落花/八/117

莺啼落春后/七/167

莺啼燕语报新年/四/143

莺吟绿树低/八/131

莺语落花中/八/136

莺嘴啄花红溜/八/131

婴儿有常病/十/48

樱桃带雨胭脂湿/八/78

樱桃樊素口/十/207

迎得春光先到来/四/186

盈缩之期/四/202

盈盈楼上女/十/208

盈盈一水间/五/12

萤火之光/六/163

萤远入烟流/八/117

营于利者多患/九/73

影开金镜满/七/107

影镂碎金初透月/八/78

影随朝日远/八/78

应而不藏/四/82

应尽便须尽/十一/54

应是呢喃燕子归/八/107

应是水仙梳洗处/七/76

应嫌素面微微露/七/107

映阶碧草自春色/四/187

映流看夜月/十/95

映日荷花别样红/八/24

庸人不知恶矣/一/159

墉基不可仓卒而成/六/164

永日屋头槐影暗/七/192

永言配命/一/80

永忆江湖归白发/十一/97

勇而无礼则乱/二/9

勇夫招祸/六/59

勇将不怯死以苟免/十一/23

勇士不顾生/二/85

勇士不怯死而灭名/二/98

勇士不忘丧其元/二/99

勇者不得独进/一/266

勇者不可犯/二/96

勇者不逃死/二/96

用百人之所能/三/61

用兵攻战之本/一/284

用兵者，贵以饱待饥/一/284

用兵之法，教戒为先/一/285

用兵之法，全国为上/一/285

用兵之法，十则围之/一/285

用兵之法，无恃其不来/一/286

用兵之害/一/286

用得正人/三/61

用而不任/三/66

用非其才/三/48

用贫求富/一/183

用人不求其备/三/61

用人不限资品/三/62

用人不以名誉/三/62

用人如用己/三/62

用人惟其才/三/63

用人无疑/三/63

用人之道/三/63

用人之际/三/64

用人之仁去其贪/三/64

用人之术，当尽其材/三/32

用人之术，任之必专/三/64

用人之勇去其怒/三/64

用人之知去其诈/三/64

用仁义以治天下/一/81

用赏者贵信/一/153

用武则先威/一/81

用贤无敌是长城/三/65

用心于诈/二/83

用心于正/二/83

用于国有节/一/183

用之则行/九/73

用之则为虎/三/65

忧愁不能寐/五/78

忧从中来/三/27

忧国孤臣泪/二/138

忧国唯知重/一/81

忧来思君不敢忘/五/49

忧劳可以兴国/一/81

忧民之忧者/一/34

忧人之忧/九/40

忧在内者本也/一/82

忧则为盗/十/6

呦呦鹿鸣/九/108

幽花蒻满树/八/78

幽涧泉清/四/80

幽阒辽夐/四/188

悠然念故乡/五/104

悠想盼长川/七/41

悠悠涉荒路/五/253

悠悠生死别经年/五/49

悠悠万里道/八/41

悠哉悠哉/五/49

由不虞之道/一/200

由俭入奢易/十/72

由来骨鲠材/九/150

由来犬羊著冠坐庙堂/五/302

由来征战地/一/286

犹抱余光照水飞/八/123

犹如明珠在沙碛中/四/74

犹自带铜声/八/126

游蜂掠尽粉丝黄/八/131

游人不管春将老/五/165

游人莫笑白头翁/十一/134

游丝不系春晖住/二/139

游丝撩乱碧罗天/八/69

游仙半壁画/十一/134

游子春衫已试单/四/143

游子久不归/一/286

游子暮思归/五/147

友便辟，友善柔/九/107

友而不心/九/94

友如作画须求淡/九/108

友直，友谅/九/107

有包藏宇宙之机/三/60

有备无患/一/286

有备则制人/九/74

有病于内者/十/125

有不可忘者/九/56

有道伐无道/一/82

有道之主/一/327

有德不可敌/一/287

有德者必有言/二/58

有弟皆分散/十/48

有第一等襟抱/十二/42

有独知之虑者/九/150

有谔谔争臣者/一/82

有而不知足/六/115

有罚无恕/一/118

有法不行/一/153

有非常之人/三/65

有非常之事/三/65

有风方起浪/六/164

有高人之行者/九/150

有功不赏/一/153

有功不赏/一/153

有功而不赏/一/154

有过而不诛/一/154

有恒产者有恒心/一/83

有虎鸦须噪/四/80

有花堪折直须折/十一/127

有家皆掩映/七/192

有兼覆之厚/十/184

有兼听之明/十/184

有教无类/三/144

有金鼓/一/154

有酒且尽欢/十一/135

有美一人/十/208

有名而无实/三/66

有默默谀臣者/一/82

有能推至诚之心而加以不息
之久/二/84

有能以民为务者/一/327

有能则举之/三/14

有女怀春/五/49

有朋自远方来/九/109

有其材而辞之/二/51

有情皓月怜孤影/五/254

有情芍药含春泪/八/79

有情无恨何人觉/八/79

有容，德乃大/九/3

余音绕梁木丽/十二/76

鱼吹细浪摇歌扇/八/131

鱼潜在渊/五/172

鱼戏水知春/八/110

鱼戏新荷动/八/131

鱼游于沸鼎之中/六/165

鱼欲异群鱼/六/165

鱼跃青池满/八/131

鱼在深泉鸟在云/八/132

渔翁夜停西岩宿/七/192

渔阳鼙鼓动地来/一/287

渔者不死于山/一/184

渔舟唱晚/十/72

渔舟逐水爱山春/四/144

榆柳荫后檐/七/174

榆钱落尽槿花稀/八/52

虞不出则财匮少/一/171

愚民百万/一/43

愚医类能杀人/四/203

愚者爱惜费/十一/131

愚者暗于成事/六/115

愚者千虑/二/101

愚者有备/二/97

舆倾舟覆/六/28

与百姓同乐/一/84

与大国盟/一/287

与恶人居/四/53

与尔同销万古愁/十一/132

与狐议裘/六/165

与君为新婚/五/50

与君新为婚/五/50

与老无期约/十/125

与乱同事/一/84

与民同其安者/一/328

与民同其乐者/一/328

与朋友交/九/109

与朋友交而不信乎/十/179

与其溺于人也/一/84

与其杀不辜/一/156

与其使食浮于人也/一/184

与其无义而有名分/十一/164

与其有乐于身/六/115

与其有誉于前/六/115

与其坐而待亡/一/287

与求生而害义/二/58

与人不求备/十/184

与人善言/九/74

与人以实/九/151

与人以虚/九/151

与善人居/四/53

与世沉浮/十二/42

与天地分同寿/十一/165

与治同道/一/84

予其惩/一/83

羽扇纶巾/五/303

羽檄千山静/七/167

羽翼已就/六/134

雨罢叶增绿/七/123

雨打梨花深闭门/七/123

雨断淮山出/十/72

雨过百泉出/四/144

雨过不知龙去处/七/124

雨过潮平江海碧/七/76

雨过清香发/八/19

雨过莎迷径/七/124

雨过杏花稀/八/126

雨恨云愁/七/167

雨横风狂三月暮/五/165

雨后却斜阳/八/79

雨后伞不须支/九/74

雨荒深院菊/八/79

雨径绿芜合/四/144

雨里芭蕉声簌簌/八/45

雨里鸡鸣一两家/七/192

雨露之所濡/七/124

雨欺梅影瘦/七/124

雨色秋来寒/四/144

雨顺风调百谷登/一/185

雨送黄昏花易落/九/138

雨随神女下朝朝/八/116

雨洗平沙静/七/125

雨细杏花香/八/14

雨歇风轻一院香/八/80

雨雪关山暗/七/125

雨裛红蕖冉冉香/八/15

雨意欲晴山鸟乐/七/125

雨余轻霭合/七/125

雨中草色绿堪染/八/80

雨中黄叶树/十/126

雨中山果落/八/132

雨中犹作一双飞/八/103

雨中妆点望中黄/四/144

语贵洒脱/十二/42

庾信文章老更成/十二/76

玉不雕/六/165

玉不琢不成器/三/145

玉骨冰肌未肯枯/八/48

玉户帘中卷不去/五/50

玉阶生白露/五/254

玉阶一夜留明月/四/187

玉经琢磨多成器/三/67

玉可碎而不可改其白/十一/4

玉门山嶂几千重/一/288

玉人之所患/六/86

玉容寂寞泪阑干/十/208

玉色素高非斗雪/八/43

玉玺不缘归日角/四/37

玉屑满筐/一/85

玉颜不及寒鸦色/五/254

玉颜随年变/五/50

玉在椟中求善价/十一/79

玉在山而草木润/六/166

郁孤台下清江水/四/37

郁郁多悲思/五/60

郁郁涧底松/五/186

郁郁园中柳/八/41

浴不必江海/六/166

浴乎沂/十/83

浴鸟沿波聚/八/132

预愁明日相思处/五/144

240

欲影正者端其表/十/185

欲雨片云生峭壁/七/137

欲正其末者/六/166

欲正其心者/十/184

欲知方圆/六/167

欲知来者察往/六/117

欲知平直/六/167

欲知人者必先自知/九/75

欲知则问/三/145

欲治其国者/十/185

欲致鱼者先通水/六/167

欲筑室者先治其基/六/167

遇急思亲戚/九/110

遇事无难易/五/303

愈穷则愈工/十二/43

誉不虚出/六/117

誉见即毁随之/九/151

誉美者/六/29

鹬蚌相持/六/168

鸢飞戾天/八/132

鸳鸯荡漾双双翅/八/133

鸳鸯相对浴红衣/八/101

鸳鸯绣了从教看/十二/76

渊深而鱼生之/三/67

渊鱼贪钩饵/四/81

园翁莫把秋荷折/四/145

沅有芷兮澧有兰/五/52

原来姹紫嫣红开遍/五/256

原清则流清/一/85

圆荷浮小叶/八/80

鼋鸣而鳖应/六/168

鼋鼍穴于深渊之下/六/32

援乱以为治/一/7

援琴鸣弦发清商/五/49

猿愁鱼踊水翻波/七/77

猿鸣三声泪沾裳/八/87

猿声催白发/十/126

猿啼洞庭树/五/165

猿啼客散暮江头/五/144

源洁则流清/十/185

远岸秋沙白/四/145

远岸谁家柳/七/193

远不间亲/九/152

远不如近/六/117

远草平中见牛背/七/193

远村云里出/七/77

远而望之/十/209

远帆春水阔/四/187

远芳侵古道/五/144

远风南浦万重波/五/144

远峰带雨色/七/77

远峰带云没/七/77

远梦归侵晓/五/105

远磬秋山里/四/187

远人不服/一/289

远山芳草外/七/78

远山过雨青如滴/八/20

远上寒山石径斜/七/193

远声历历风和水/七/78

远水白云度/八/133

月下江流静/七/193

月晓风清欲堕时/八/79

月斜树倒影/七/110

月影沉秋水/七/110

月映林塘澹/五/321

月映竹成千个字/四/189

月晕而风/六/118

月中丹桂/四/38

月子弯弯照九州/十一/54

岳阳城上闻吹笛/四/160

悦亲戚之情话/五/321，七/193

越痴呆越享痴呆福/九/153

越聪明越受聪明苦/九/153

越糊突越有糊突富/九/153

越王好勇/一/86

越之西子/六/118

越只青山/四/38

云白山青万余里/五/257

云薄月昏寒食夜/七/110

云蔽望乡处/五/105

云边雁断胡天月/四/39

云出三边外/七/168

云从窗里出/八/112

云淡风轻近午天/五/322

云帆望远不相见/五/145

云翻一天墨/七/137

云光侵履迹/七/110

云横秦岭家何在/五/257

云髻半偏新睡觉/十/210

云卷千峰色/四/189

云开孤鸟出/八/133

云开巫峡千峰出/七/78

云来山更佳/七/79

云里帝城双凤阙/四/189

云里寒溪竹里桥/十/96

云漫漫兮白日寒/九/152

云破月来花弄影/七/138

云气嘘青壁/七/79

云侵塔影横江口/四/189

云晴鸥更舞/四/145

云散月明谁点缀/七/138

云山苍苍/五/304

云山海上出/七/79

云山万里别/五/258

云山万重/五/53

云山一一看皆美/七/79

云深不见千岩秀/七/79

云生梁栋间/七/138

云树绕堤沙/七/80

云随野水流/八/33

云腾致雨/七/138

云无心以出岫/七/138

云雾润蒸华不注/七/80

云霞出海曙/七/168

云想衣裳花想容/十/210

云心初破月窥楼/七/138

云掩初弦月/七/139

云迎出塞马/一/289

云涌楼台出天上/四/190

云中白鹤/三/68

战陈之间/一/290

战城南，死郭北/一/291

战地春来血尚流/一/291

战伐乾坤破/一/291

战鼓声未齐/一/291

战捷之后/一/292

战胜而将骄卒惰者败/一/292

战胜易/一/292

战士报国死/一/292

战士军前半死生/一/292

战势不过奇正/一/293

战退玉龙三百万/四/145

战无不胜而不知止者/一/293

战血粘秋草/一/293

战以勇为主/一/293

战战兢兢/一/86

张翰黄花句/五/304

张袂成帷/四/161

张旭三杯草圣传/十一/114

章有德/一/156

长安何处在/十一/82

长安陌上无穷树/五/114

长安女儿嫩如水/五/267

长安一片月/七/85

长白峰高尘漠漠/七/4

长城地势险/四/147

长城何连连/四/148

长短相形/四/80

长风吹白茅/四/88

长风破浪会有时/十一/101

长风万里送秋雁/四/88

长恨人心不如水/十/3

长江悲已滞/五/60

长江春水绿堪染/四/88

长江流远梦/十/53

长江绕郭知鱼美/十/53

长裾连理带/四/42

长桥卧波/四/165

长绳难系日/十一/57

长松落落/八/7

长太息以掩涕兮/一/302

长相思/五/3

长啸激清风/十一/101

长啸万里风/五/114

长袖善舞/六/10

长烟一空/七/85

长幼有序/十/11

长于水而安于水/四/54

丈夫不叹别/十一/149

丈夫不作儿女别/十一/149

丈夫非无泪/十一/149

丈夫盖棺事始定/十一/150

丈夫盖世英雄气/十一/150

丈夫贵兼济/十一/99

丈夫皆有志/十一/99

丈夫誓许国/二/141

丈夫为志/十一/99

丈夫五十功未立/五/188

丈夫之志/九/77

丈夫志四海/九/110

杖起弱者/四/203

瘴雨欲来枫树黑/七/125

召民之路/一/12

召远在修近/一/294

棹穿波底月/十/73

照花前后镜/十/211

照见鸳鸯自在眠/八/124

照水红蕖细细香/八/95

照水桃花图画间/八/24

照之有余晖/七/83

折戟沉沙铁未销/四/39

这次第/五/239

浙江八月何如此/七/81

浙中山色千万状/七/81

鹧鸪声里夕阳西/五/106

着意寻春不肯香/八/85

着意种花花不活/六/124

贞刚自有质/二/97

贞以图国/二/59

真个别离难/五/145

真人不露相/六/119

真伪因事显/九/154

枕前泪共帘前雨/五/258

枕上诗书闲处好/十/96

枕上十年事/五/258

枕中春梦不多时/九/124

振策陟崇丘/十/73

振穷救急/五/304

振裘持领/六/47

振衣千仞岗/十一/25

震泽波光连别派/七/81

争城以战/一/294

争得大裘长万丈/一/328

争地以战/一/294

争利亦争名/六/169

争名者于朝/六/119

争似垂杨无限时/八/8

争随流水趁桃花/八/94

征夫怀远路/五/107

征夫心多怀/五/191

征鸿一声起长空/七/168

征人战苦束刀伤/一/294

峥嵘赤云西/七/111

整顿乾坤手段/五/188

正己而不求于人/十/186

正己而治人/十/187

正其本者万事理/六/119

正入万山圈子里/七/35

正身以俟时/十/187

正是江南好风景/十一/54

正言，治之利也/四/201

正义直指/九/29

正在有情无思间/八/115

正则用之/三/69

政贵有恒/一/87

政教不顺者不可以烦大臣/一/38

政教有经/一/91

政苛，则无逸乐之士/一/56

政宽犹防决/一/147

政理以去乱为心/二/38

政事得失/三/16

政无旧新/一/328

政有必举/二/22

政在必信/一/149

政在德不在异/一/87

政者，正也/一/87

政者莫大于官贤/二/40

政之所废/一/329

政之所兴/一/329

政足以使民不敢欺/一/47

之死矢靡它/五/55

之子于归，宜其室家/十/49

之子于归，远送于野/十/44

之子在万里/十/13

只愁歌舞散/十/211

只愁堂上无明镜/一/156

只将五字句/十二/43

只今憔悴晚烟痕/八/54

只今惟有西江月/四/12

只看后浪催前浪/三/69

只恐双溪舴艋舟/五/259

只恐夜深花睡去/十/96

只言花似雪/八/82

只言旋老转无事/十/126

只疑松动要来扶/十一/136

只有香如故/八/30

只有一枝梧叶/四/146

只余鸥鹭无拘管/五/107

只愿君心似我心/五/55

只知事逐眼前去/十/127

芝兰生于深林/十/187

枝大于本/六/169

枝大者披心/六/170

枝间时见子初成/八/62

枝间新绿一重重/八/82

枝闲鸟下空/八/119

知、仁、勇/二/98

知爱人而后知保天下/二/31

知爱身而后爱人/二/31

知彼知己/一/295

知不足/三/146

知不足者好学/三/146

知耻近乎勇/二/10

知而不学/九/37

知而不言/九/5

知而不以告人者/二/60

知而不用/三/66

知而弗为/六/120

知否，知否/八/82

知己曰明/六/120

知己者不怨人/十一/135

知节而后可以用兵/一/295

知经误者在诸子/六/121

知君命不偶/五/259

知可以战与不可以战者/一/295

知困，然后能自强也/三/146

知理而后可以举兵/一/295

知命者不立乎岩墙之下/九/78

知莫大乎弃疑/六/120

知其入而已己疾也/四/195

知其心而听其言/九/111

知其一/五/304

知其用而置得其处者胜/一/90

知人不易/九/111

知人既以为难/九/111

知人无务/三/146

知人则哲/九/112

知人者智/二/97

知人之法/三/9

知人知面不知心/九/123

知势而后可以加兵/一/295

知是行之始/六/120

知死不辞/二/97

知所先后/六/100

知所以修身/十/188

知我者/五/259

知屋漏者在宇下/六/121

知无不言/九/78

知小而自畏/一/261

知也者/四/66

知章骑马似乘船/十一/114

知者不倍时而弃利/二/98

知者不博/六/121

知者不惑/二/98

知者不失人/九/78

知者乐水/二/99

知者虑/二/99

知者莫大于知贤/二/40

知者善谋/十一/80

知政失者在草野/六/121

知之非难/六/122

知之为知之/三/146

知之曰知之/二/84

知之者不如好之者/三/147

知子莫如父/十/49

知足不辱/四/81

知足者富/四/81

织成云外雁行斜/七/194

栀子红椒艳复殊/八/57

蜘蛛虽巧不如蚕/八/134

蜘蛛网户牖/五/259

执法而不求情/一/156

执古以绳今/六/122

执今以律古/六/122

执手相看泪眼/五/55

执志安如地/四/82

执子之手/五/55

直木先伐/六/170

直如弦/五/305

直如朱丝绳/十一/26

直者不能不争/九/57

止如丘山/一/266

止之于始萌/六/122

芷兰生于深林/六/122

纸上得来终觉浅/三/147

纸上语可废坏/二/141

指大于臂/六/170

指点六朝形胜地/四/39

指如削葱根/十/211

枳棘之林/三/69

至察/九/67

至诚/二/84

至竟江山谁是主/四/24

至美素璞/六/123

至人贵藏辉/九/8

至人之用心若镜/四/82

至赏不费/一/157

至于凡俗/十一/59

至治之时/一/295

志不可满/九/2

志不立/十一/100

志不求易/九/78

志大而量小/三/70

志道者少友/九/154

志行万里者/十一/100

志士不忘在沟壑/二/99

志士不饮盗泉之水/十一/26

志士凄凉闲处老/五/188

志士仁人/二/60

志士惜年/十一/80

志士惜日短/十一/80

志士幽人莫怨嗟/五/188

志同而气合/九/112

志务广远/十/188

志正则众邪不生/十/188

志足而言文/十二/43

制兵/一/272

制敌在谋不在众/一/296

制法而自犯之/一/157

制国有常/一/329

制治在未乱/一/87

质本洁来还洁去/十一/165

质胜文则野/九/79

质以文美/十二/44

治大国若烹小鲜/一/88

治大者不可以烦/一/88

治膏肓者/六/170

治官事不营私家/二/60

治国常富/一/89

治国家天下之道/三/148

治国家者/三/13

治国譬若张瑟/一/89

治国譬之于弈/一/90

治国无法则乱/一/157

治国亦然/一/5

治国犹如栽树/一/90

治国有常/一/91

治国者/一/91

治国之道/一/185

治国之难/三/70

治疾及其未笃/六/171

治家非一宝/十/49

治乱存亡/一/91

治身莫先于孝/一/157

治身者以积精为宝/四/203

治世不得真贤/三/71

治世不一道/一/91

治世以大德/一/92

治世之能臣/三/71

中兴十世生文叔/四/40
中野何萧条/一/296
中夜间道归/一/296
中夜四五叹/二/142
中庸之为德也/九/79
中州万古英雄气/十二/77
忠不避危/十一/26
忠臣不畏死/二/85
忠臣处国/一/39
忠臣体国/二/142
忠犯人主之怒/五/295
忠告而善道之/九/112
忠信谨慎/二/85
忠于治世易/二/85
忠足以尽己/二/85
终朝为恶/一/75
终日风与雪/七/168
终日望夫夫不归/五/56
终身之计/三/55
终始俱善/二/44
终岁常端正/八/4
钟鼓馔玉不足贵/十一/136
钟期既遇/五/183
钟山如龙独西上/七/82
种豆南山下/七/194
种瓜还得瓜/四/83
种树者必培其根/十/188
踵其事而增华/十二/44
仲尼厄/六/101
仲夏苦夜短/四/146

众不附者/二/61
众恶之/三/73
众而不可欺者/一/330
众好之/三/73
众奸鼓衅/九/116
众口可以铄金/九/154
众口铄金，浮石沉木/九/155
众口铄金，积毁销骨/九/155
众口铄金，三人成虎/九/155
众口铄金/九/155
众口所移/九/156
众里寻他千百度，蓦然回首/
十一/85
众里寻他千百度/五/56
众鸟高飞尽/八/134
众怒不可犯/一/330
众怒难犯/一/330
众人重利/十一/27
众溪连竹路/七/82
众心成城/六/171
众煦漂山/六/172
众之所去/一/330
众之所助/一/330
众之为福也大/六/124
众智之所为/一/307
重过江南更千里/十/54
重湖叠巘清嘉/七/142
重露成涓滴/七/139
重衾无暖气/四/90
舟覆乃见善游/六/172

舟行城入树/十/74

舟如空里泛/十/74

舟摇摇以轻/五/322

舟在江海/十/156

州桥南北是天街/五/305

周公恐惧流言日/九/112

周公吐哺/三/36

周家美化八百年/四/40

周虽旧邦/一/92

周余黎民/五/260

周之德/五/286

昼短苦夜长/十一/130

朱门酒肉臭/五/306

朱旗凌雪卷/一/297

朱雀桥边野草花/四/41

朱颜今日虽欺我/十/127

朱颜君未老/十/127

诛暴不避强谓之力/二/90

诛不避贵/一/159

诛恶不避亲爱/三/74

诛一国之奸/一/331

诛一乡之奸/一/331

珠玉买歌笑/五/306

铢铢而称之/六/172

竹风能醒酒/十/97

竹风声若雨/八/135

竹高鸣翡翠/八/135

竹径有时风为扫/七/194

竹里登楼人不见/八/135

竹怜新雨后/八/83

竹林近水半边绿/八/83

竹炉汤沸火初红/九/84

竹露滴清响/八/18

竹批双耳峻/八/135

竹色水千顷/八/83

竹色溪下绿/八/83

竹深留客处/八/84

竹深喧暮鸟/八/136

竹树夹流水/四/161

竹送清溪月/四/190

竹外鸟窥人/八/128

竹外桃花三两枝/四/146

竹梧秋雨碧/七/195

竹香新雨后/八/136

竹喧归浣女/七/195

竹影和诗瘦/八/84

竹影扫秋月/八/84

逐鹿者不顾兔/六/172

烛天灯火三更市/四/161

主大计者/一/92

主过一言/一/26

主人不在花长在/五/306

主雅客来勤/九/156

主欲知过/一/46

渚清沙白鸟飞回/八/96

煮豆持作羹/五/305

煮海为盐/一/185

伫立望故乡/五/107

著粉则太白/十/211

著柳冰珠满碧条/八/17

著书不为丹铅误/十二/44

著意闻时不肯香/八/84

铸就而今相思错/五/56

筑城者先厚其基而求其高/
一/93

转轴拨弦三两声/十二/44

妆罢低声问夫婿/四/43

庄生晓梦迷蝴蝶/五/261

壮而好学/三/115

壮年听雨客舟中/五/261

壮年学书剑/五/189

壮士怀愤激/十一/90

壮心未与年俱老/十一/100

壮心与身退/十/127

壮心欲填海/二/143

壮志饥餐胡虏肉/十一/114

壮志未酬三尺剑/五/189

状难写之景如在目前/十二/45

状似明月泛云河/十/212

追虎不可无退步/六/124

缀文者情动而辞发/十二/45

谆谆而后喻/三/150

斫却月中桂/七/111

浊酒一杯家万里/五/107

浊之为暗/六/73

酌酒与君君自宽/九/156

酌贪泉而觉爽/十/189

琢雕自是文章病/十二/77

濯鳞沧海畔/十一/115

资之官/一/142

子不我思/五/57

子规声里雨如烟/八/106

子规夜半犹啼血/五/166

子美千间厦/十一/27

子兮子兮/五/57

子系中山狼/五/306

子以母贵/十/50

姊妹弟兄皆列土/五/306

紫蝶黄蜂俱有情/八/20

紫陌红尘拂面来/四/54

紫艳半开篱菊静/八/85

自把玉钗敲砌竹/十二/77

自惭居处崇/一/331

自此光阴为己有/十一/136

自从兵戈动/一/297

自从建安来/十二/45

自伐者无功/十/189

自甘秋露缀英华/八/27

自古皆死/十二/46

自古皆有死/二/86

自古驱民在信诚/二/86

自古山水尚有个相逢之日/
九/157

自古圣贤多薄命/五/307

自古圣贤尽贫贱/五/189

自古盛衰如转烛/四/41

自古失国之主/一/93

自古在昔/一/93

自恨不如云际雁/二/143

自恨开迟还落早/八/85

自见者不明/十/189

自夸自败/十/165

自来自去梁上燕/八/136

自媒之女/十/50

自酿新黄染柳条/八/2

自上化下/一/78

自胜之谓强/九/17

自是花中第一流/八/18

自是桃花贪结子/五/261

自是桃李树/六/173

自叹不如华表鹤/五/108

自托乘舆/六/118

自在飞花轻似梦/五/261

自在娇莺恰恰啼/八/105

自知不自见/十/190

自知者不怨人/十一/100

自知者英/九/80

自种自收还自足/七/195

自作孽/十/174

字字看来皆是血/十二/45

综学在博/十二/46

总为浮云能蔽日/五/307

纵横正有凌云笔/十二/46

纵横只是怨东风/八/85

纵酒还须上山去/十/97

纵浪大化中/十一/54

纵令然诺暂相许/九/139

纵使秋风无奈何/八/15

纵使长条似旧垂/五/57

纵死侠骨香/十一/27

纵一苇之所如/十/74

走马西来欲到天/五/262

足寒伤心/一/331

足食，足兵/一/94

足天下之用/一/186

足下蹑丝履/十/212

足用之本/一/160

卒寡而兵强者/一/204

祖浊裔清/十/51

最爱东山晴后雪/七/82

最爱湖东行不足/八/85

最爱芦花经雨后/四/146

最恨细风摇幕/五/57

最是秋风管闲事/七/126

最是一年春好处/八/58

最喜儿孙解农事/七/195

最喜小儿无赖/十/51

罪莫大于无道/十/190

罪疑惟轻/一/159

罪至重而刑至轻/一/159

醉不成欢惨将别/五/145

醉得海棠无力/八/10

醉和金甲舞/一/297

醉后不知天在水/十/97

醉困不知醒/十/97

醉来卧东山/十一/115

醉里且贪欢笑/十一/136

醉里挑灯看剑/二/143

醉貌如霜叶/五/166

醉梦入江南/五/108

醉眠芳树下/五/166

醉眠秋共被/九/113

醉莫插花花莫笑/五/166

醉捧勾吴匣中剑/五/262

醉翁之意不在酒/六/125

醉卧沙场君莫笑/一/238

醉眼渺河洛/五/108

醉眼青天小/十/98

醉倚绿阴眠一饷/十/98

醉坐自倾彭泽酒/十一/165

尊师，则不论其贵贱贫富/
三/150

尊贤考功则治/一/94

尊贤使能/一/94

尊于位而无德者黜/一/95

樽罍饮散长亭暮/五/145

昨别今已春/十/127

昨见垂杨柳/四/83

昨日屋头堪炙手/九/157

昨日之日不可追/十/128

昨是儿童今是翁/十一/55

昨夜江南春雨足/七/168

昨夜松边醉倒/十一/136

昨夜微雨花成泥/七/126

昨夜西风凋碧树，独上高楼，
望尽天涯路，此第一境也/
十一/85

昨夜西风凋碧树，独上高楼，
望尽天涯路/五/58

昨夜一枝开/八/40

左昞澄江湘/十一/115

左丘失明/六/101

左相日兴费万钱/十一/116

佐不务多/三/74

作事易/九/44

坐看红树不知远/七/82

坐上客恒满/十一/137

坐睡船自流/十/98

座中亦有江南客/五/108

做第一等人/十一/150

后 记

这本《中国经典名句鉴赏辞典》即将付梓与读者见面了。回首此书的酝酿与写作过程，不禁心生诸多感慨。因此，这里想说几句心里话。

我是研究中国古典文学、古代汉语与修辞学的，对于中国古代经典算得上是熟悉的，对于修辞学也算得上是有研究心得的。因此，对于古代经典中的名句就有一种职业性的敏感。我在上大学时就热衷于搜集各种名句精言，自我欣赏与把玩，并不时在文章中"秀"几句。到了做大学教师时，在教学中特别是修辞学教学中，要对古代经典中的某些名句作出深意精蕴的学理阐释。因此，教学与研究之余，常有一种情感冲动：写一本有关这方面的著作。

之所以有此冲动，一方面固然是因为职业与爱好的缘故，另一方面是有感于坊间不断出现的各种名句辞典与诗词曲赋古文等类鉴赏辞书的不足。现见名句辞典之类，多是将各种名句编排起来，间或有个别字词的解释，但释义错误者时时有之。还有一些名句辞典，虽有一些字词解释或全句语意的翻译，但并没有点评的文字，更说不出某名句的精义奥蕴之所在，读后有一种让人空手而归、徒唤奈何之感。至于诗词曲赋古文之类的鉴赏辞典，对于某篇作品中的某个名句，往往说它在历史上多有名，对其来历也说得头头是道，可是，仔细看看，不能让

人明白其妙处所在。之所以如此，乃是因为不能逐词逐字对其语义进行解释。所以，要让一般读者读懂，并恰当地运用到自己的说写表达之中，为自己的言说添彩，为自己的文章增辉，恐怕难矣。

学者的良知让我常有一种情感冲动：何不凭着自己的专业特长，为读者撰写一本真正能阐释经典名句精义奥蕴的书？这样，既有利于读者正确理解并恰当运用中国古代经典名句，也算尽了一个学者的社会责任，为普及中国文化尽了一份心力。不过，冲动归冲动，却迟迟没有付诸行动。这主要有两个原因，一是自己的研究任务很重，学术著作写不完，还有教学任务；二是没有遇到合适的出版家与责任编辑。因此，虽然积累的材料很多，却也没有积极性去写作。直到前些年，因为与吉林教育出版社合作，写作一套《中国修辞史》，开会讨论编写工作之余，吉林教育出版社社长兼总编辑王新先生和前副社长、编审张景良先生与我说起编辞典的想法，于是我将久蓄心中的想法向二位说了一下，得到了二位的热烈响应。王社长是著名学府吉林大学经济系的高才生，不仅有管理、经营出版业的丰富经验，而且学识渊博，谈吐极为优雅。张先生毕业于东北师范大学中文专业，是个有着几十年编辑经验的老编审，而且曾做过我几套学术著作的责任编辑。他做的几套书都曾获得国家奖、省政府奖、读者最受欢迎奖等。他们不仅积极支持我按照自己的理念去写，而且提出宝贵的意见。这部辞典中的万余条中国古代名句，是王社长、张先生从我所写的近两万条辞目中亲自把关精选出来的。王社长亲任策划编辑，张先生为责任编辑。黄静、庞博等参加了这本书的编辑工作。王社长还将这套书作为出版社的重点出版物之一，在人力、财力等各方面

予以支持。正因为有了他们的支持，才使我倍增信心与力量，排除各种干扰，集中精力，两年内以平均每天工作十二小时的强度，终于完成了任务。在此书即将面世之际，感谢吉林教育出版社所有为此书作出努力、付出劳动的各位。

我最终能在出版社规定的时间内完成任务，是与家人的关爱和大力支持密不可分的。我要感谢岳母唐翠芳女士。她原是国营大厂的领导，还做过中小学校长，年近七旬。在我写作期间，她不仅包揽了全部家事，还承担起我刚上复旦小学的儿子吴括宇的生活照顾与学习教育工作。我的岳父蒙进才先生，是个很有成就的液压动力专家。他以科学家的认真态度每天一丝不苟地维护房子与家具的清洁，使我能在优美环境中快乐地写作。我的太太蒙益是德国某跨国公司中国地区的财务总经理，工作繁忙。她知道我辛苦写作的性质，就予以积极支持。节假日孩子的家教任务，她都独力承担下来。

清代学者有句名言"前修未密，后出转精"，意谓学术研究是在一代又一代人的不断努力下才逐渐臻至严密完善的。书的编写，道理也是一样。如果读者认为这本小书有什么可取之处，那也是得益于前贤在这方面所做的奠基工作。假设大家觉得这本小书有超越前人的地方，那也是站在前人的肩膀上，借鉴了前人工作的经验的缘故。因此，对于所有给予本书有助益的前辈研究成果给予本人以启发教益的地方，我都是表示衷心感激的。

这本书虽不是学术著作，但我倾注其上的时间、精力绝不少于此前我所写的每一部纯学术著作。收入本书的每个名句，我都是精心挑选，并采用现代互联网技术优势进行引用频率调查，使所选入的名句真正是引用频率高、知名度高的句子。对

于名句的点评，我都运用专业知识，从专业的角度予以阐释，尽量讲出其学理。因此，我的点评都是我用心体悟后的心得，愿与读者朋友分享。本书的定位是面向大众，所以在释义、语意串讲、意蕴阐释方面都非常注意通俗易懂，并力求生动而有文采，以期给读者以阅读的愉悦。而对于读者来说，如果我做得不够专业、不够认真、不够好，如果他们买了我这本小书读了而无收获，那是浪费了他们的时间。鲁迅先生有句名言说：无端地浪费别人的时间，无异于谋财害命。因此，若是因为我掉以轻心没有做好，我那还没有泯灭的学者良知是不会让我安生的。

"战战兢兢，如临深渊，如履薄冰。"《诗经·小雅·小旻》中的这句话，可以形容我写书时的心情。如果这本小书侥幸获得读者的垂青，那么我就要"谢天、谢地、谢大家"了！

吴礼权

2008 年 3 月 12 日记于复旦园

再版后记

这本《中国经典名句鉴赏辞典》，自 2008 年出版以来，至今已经五年了。承蒙广大读者厚爱，发行还算不错。

2012 年 8 月，在这本小书的出版版权契约尚未到期时，香港商务印书馆就迫不及待地向我购买了这本小书的繁体字版权，现在已经编排完毕，即将与读者见面。

这本小书能够引起香港出版机构与读者的注意，已是让我喜出望外了。没想到，暨南大学出版社人文社科分社社长杜小陆先生也已经注意到这一出版动态，问我这本小书的简体字版权有没有授权别的出版社，我告知没有。小陆先生与我是同辈人，我们之间非常谈得来，常常为了选题或出版界的事打电话聊几个小时。通过长期的接触，我发现他与一般的出版人不同，骨子里有一种 20 世纪 30 年代出版家的气质。所以，每次跟他谈话，我都觉得很投机。正因为如此，我最终下定决心，将这本小书连同其他多本出版契约期限已满或将满的图书版权统统授权给暨南大学出版社。

这次再版，限于时间与精力，我只对其中个别错字进行了改正，其余部分没有再予以修订，等积累了一定量的读者反馈意见后，过几年我再抽时间予以修订。

最后，衷心感谢暨南大学出版社领导的大力支持！衷心感

谢暨南大学出版社人文社科分社社长杜小陆先生的建议与支持！衷心感谢本次再版本的责任编辑和校对的辛勤劳动。

吴礼权

2013 年 5 月 20 日